Jessica Stuckstätte

Jetzt mach ich was!

Coole Bastel-Ideen für Kids

christophorus

Inhalt

Kreativer Bastelspaß

Kennst du das? Draußen ist es ziemlich ungemütlich, es regnet und es ist kalt. Aber du bist voller Tatendrang und Energie und möchtest etwas tun. Lass dich nicht aufhalten! Bei dir zu Hause gibt es so viele Dinge zu entdecken, von denen du bis heute wahrscheinlich noch nichts wusstest. In jeder Ecke kannst du etwas finden, das du zum Basteln von Dingen, die wir in diesem Buch zeigen, prima verwenden kannst. Schon die Jagd nach den Materialien für die einzelnen Modelle wird ein lustiges und spannendes Abenteuer. Such dir einfach eine Bastelarbeit aus und schau dich im ganzen Haus um, ob du alles dafür findest. Vielleicht machst du auch mit deinen Eltern eine Entdeckungstour über euren Dachboden oder durch euren Keller.
Von alten Schuhschachteln über leere Milchkartons bis zur Toilettenpapierrolle ist alles gut zu gebrauchen. Du wirst staunen, was man alles aus Dingen, die du sonst in den Müll werfen würdest, zaubern kann. Das Beste ist, dass deiner Fantasie hier keine Grenzen gesetzt sind. Lass dich einfach von den Möglichkeiten überraschen. Natürlich ist dieses Buch nicht nur für Tage gedacht, an denen das Wetter schlecht ist. Du kannst immer, wenn du Lust hast, in dem Buch stöbern und dann loslegen.

Und jetzt viel Spaß beim Basteln!

Hai aus Pappmaschee

Du brauchst:

- 4 Verpackungskartons, z. B. Müslischachtel, ca. 20 x 30 cm
- Luftballon
- alte Zeitungen
- Tapetenkleister
- Kreppband
- Alleskleber
- Heißklebepistole
- Acrylfarben in Weiß, Rot, Grau, Schwarz (und weitere Farben, wenn der Haikopf bunt aussehen soll)
- Fimo-Modelliermasse in Weiß
- Schüssel
- Löffel
- Teigroller
- Schere
- abgerundetes Messer

Und so wird's gemacht:

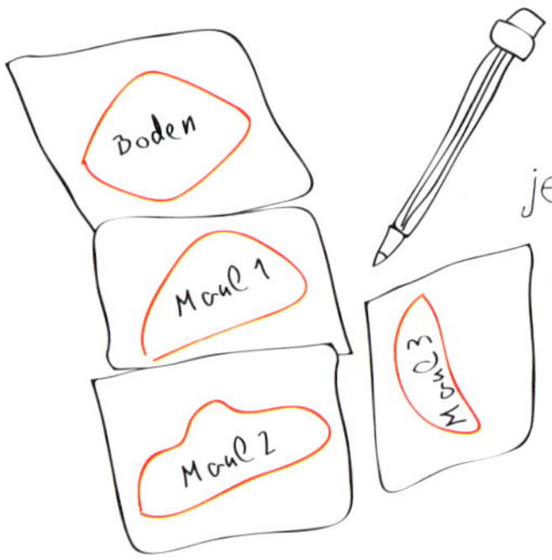

1 Zuerst schneidest du die Müslikartons jeweils so zu, dass große Pappflächen entstehen. Auf eine Pappe malst du einen Boden (der nachher den Haikopf halten soll). Auf die anderen drei Pappen malst du jeweils die Teile, aus denen das Maul entstehen soll.

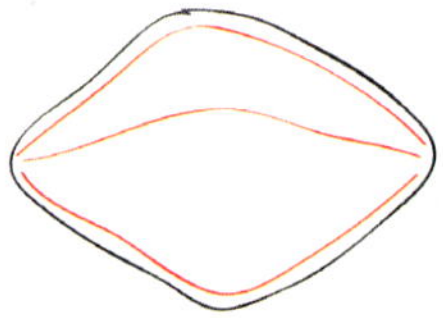

2 Danach schneidest du die vier Teile aus. Als Nächstes befestigst du die drei Maulteile senkrecht mit Kreppband so auf dem Bodenteil, wie du es auf der Zeichnung und auf dem Foto siehst.

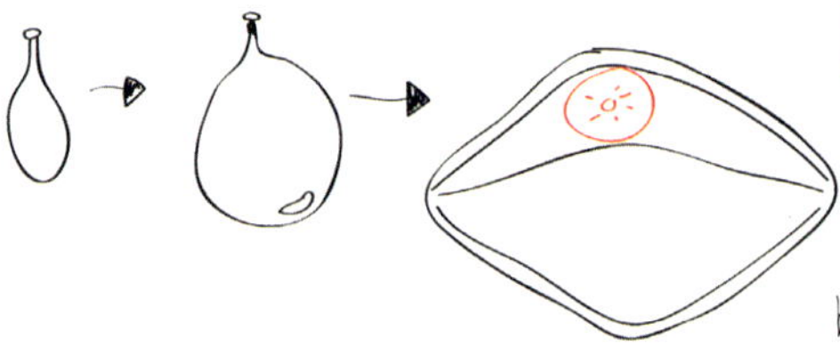

3 Damit der Hai eine richtige Schnauze bekommt, bläst du einen Luftballon so auf, dass er zwischen die oberen beiden Pappen passt (nicht zu stark aufblasen!). Den Ballonhals verknotest du. Achte darauf, dass der Verschlussknoten zu dir zeigt, wenn du den Ballon zwischen die Pappen setzt. Kannst du dir schon ungefähr vorstellen, wie der Kopf mit der Schnauze und dem Maul einmal aussehen wird?

4 Der nächste Schritt wird dir sicherlich viel Spaß machen. Rühr zuerst den Tapetenkleister nach den Herstellerangaben in einer Schüssel mit Wasser an. Dann nimmst du alte Zeitungen, zerreißt sie in kleine Schnipsel (ungefähr so groß wie ein Stück Toilettenpapier) und legst sie in den Kleister. Wenn sich das Papier mit Kleister vollgesogen hat, kannst du

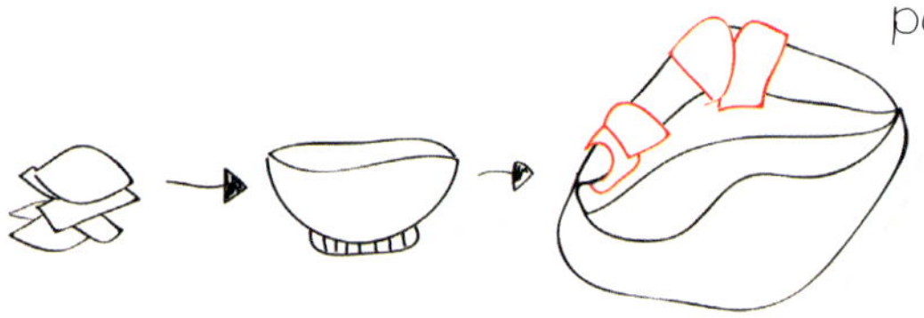

LOVE
RSA

anfangen, die zusammengeklebten Pappteile und den Ballon mit den Schnipseln zu bekleben. Leg immer ein Schnipsel leicht überlappend auf den nächsten, damit keine Lücken entstehen.

Klebe die Schnipsel so lange auf- und aneinander, bis du glaubst, dass du einen Haikopf mit einem riesigen Maul erkennen kannst (etwa fünf Lagen). Am besten schaust du dir das Foto genau an. Jetzt muss dein Pappmascheewerk eine Nacht lang trocknen.

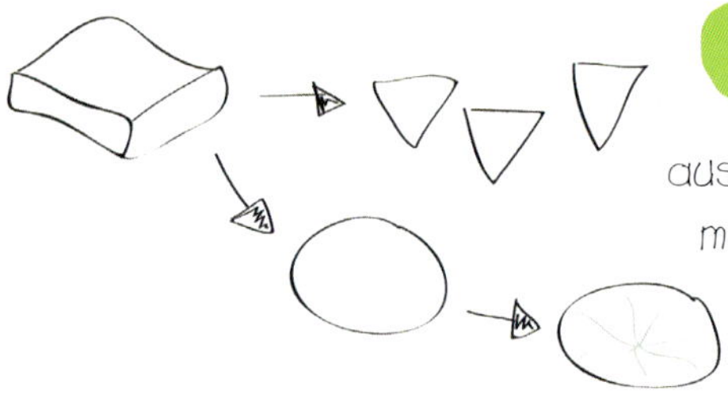

5 Du kannst die Zeit nutzen und aus der weißen Fimomasse die Zähne und die Augen anfertigen: Für die Zähne rollst du die Masse wie einen Teig aus und schneidest Dreiecke, die ungefähr so groß wie ein 2-Euro-Stück sind, mit einem abgerundeten Messer heraus. Für die Augen legst du dir jeweils einen etwa 5 cm großen Kreis aus der ausgerollten Fimomasse in die Hand und formst daraus eine kleine flache Schale.

Die fertig geformten Zähne und Augen legst du anschließend auf ein Backblech. Auf der Fimoverpackung ist genau angegeben, wie lange und bei welcher Temperatur die Teile im Ofen aushärten müssen.

6 Wenn der Haikopf durchgetrocknet ist, kannst du ihn – so wie auf dem Foto – mit den Acrylfarben bemalen. Sieht schon ziemlich echt aus, oder? Du kannst aber auch deine Lieblingsfarben nehmen, dann wird der Hai schön bunt.

7 Aber da fehlt ja noch etwas. Ohne Zähne und Augen kann der Hai gar nicht sehen und fressen. Die fertigen gehärteten Fimozähne und -augen befestigst du mit Heißkleber (am besten hilft dir dabei ein Erwachsener) oder Alleskleber – so wie auf dem Foto – an dem Kopf. Zum Schluss malst du noch die Augen des Hais an.

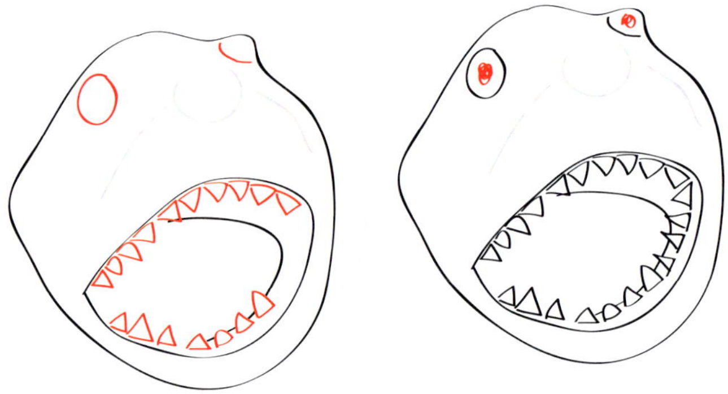

TIPP: Den fertige Haikopf kannst du an die Wand hängen oder deine Eltern damit erschrecken. Leg ihn doch einfach einmal in das Bett deiner Eltern und schau, was passiert, wenn sie ihn entdecken.

Lustiger Pappaufsteller

Du brauchst:

- Verpackungskarton, die Größe richtet sich nach der Körpergröße des Kindes
- Alleskleber
- Schere oder Cutter
- verschiedene Acrylfarben
- Filzstift in Schwarz
- Klebstoff

und so wird's gemacht:

1 Such dir einen großen Verpackungskarton, zum Beispiel von einem großen Möbelstück oder einer Waschmaschine. Auch ein Umzugskarton ist gut geeignet. Du schneidest den Karton auseinander, sodass eine möglichst große Pappfläche entsteht. Die Pappfläche legst du auf den Boden.

2 Jetzt musst du jemanden holen, der dir hilft. Leg dich auf die Pappfläche und bitte den anderen, mit einem Filzstift deine Umrisse auf die Pappe zu übertragen.

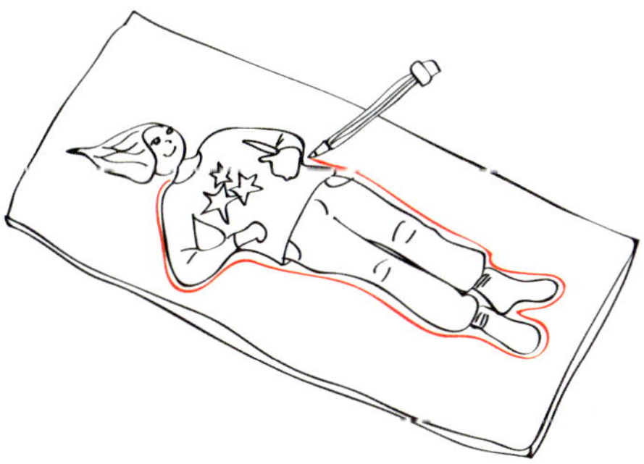

3 Danach kannst du dein Lieblingsmotiv auf die Pappe malen, eine Figur, die du schon immer einmal sein wolltest, zum Beispiel Astronaut, Bauarbeiter, Pirat oder Prinzessin. Oder du bastelst einen Affenaufsteller. Dafür musst du dich beim Zeichnen des Umrisses wie ein Affe auf die Pappe legen und am besten auch genau solche Geräusche machen.

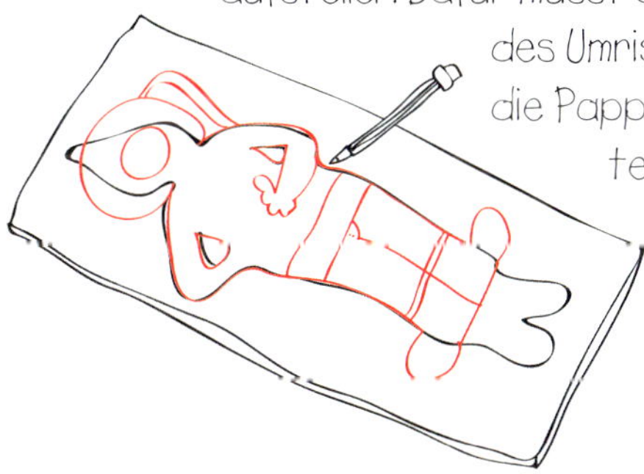

4 Schneide nun die Pappe entlang der Linien aus. Als Nächstes musst du an der Stelle, wo nachher dein Gesicht zu sehen sein soll, und eventuell im Bereich der Armbeuge ein Loch ausschneiden.

6 Die lange Seite des ausgeschnittenen Keils faltest du einmal und klebst den längeren gefalteten Teil auf die Rückseite des Aufstellers, sodass er mit dem Ende des Aufstellers abschließt und nicht darüber hinausragt.

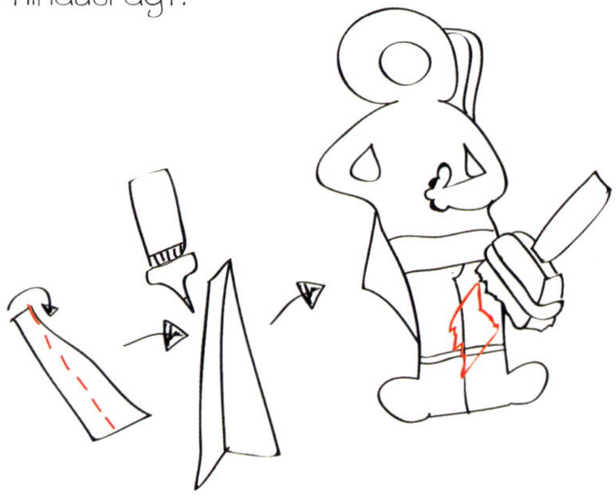

5 Damit dein Pappaufsteller nicht umkippt, braucht er eine Stütze. Dafür malst du einen Keil auf einen Pappkartonrest und schneidest ihn aus. Der Keil sollte mindestens halb so lang sein wie der Aufsteller.

Wenn der Aufsteller fertig ist, stell dich dahinter, schau durch das Loch, das du für dein Gesicht geschnitten hast, und lass lustige Fotos von dir machen. Frag auch deine Eltern, ob sie ein schönes Foto im neuen Outfit haben wollen.

Königliches Briefpapier

Du brauchst:

- Fotokarton
- Papier in Weiß
- Bleistift
- Moosgummi
- Acrylfarbe
- Alleskleber
- Schere
- Pinsel
- **Vorlage 1, Seite 60**

und so wird's gemacht:

1 Schneide den Fotokarton in der Größe zu, die dein Briefpapier später haben soll. Willst du es so groß haben wie ein Stück Papier aus deinem Schulblock, beträgt das Maß 21 x 29,7 cm (DIN-A4-Maß). Wenn du dir das lästige Abmessen ersparen willst, leg einfach ein Blatt Papier auf den Fotokarton und zeichne die Umrisse mit einem Bleistift nach.

2 Male jetzt auf ein Stück Moosgummi, das genauso groß sein soll wie das Fotokartonstück, einen Rahmen mit dem Muster, das nachher dein Briefpapier schmücken soll. In unserem Beispiel ist es ein welliger Rahmen. Eine Vorlage für den Rahmen findest du im Anhang des Buches (Vorlage 1, Seite 60).

3 Du schneidest nun die Innenfläche des Rahmens aus und klebst ihn auf den zugeschnittenen Fotokarton, sodass eine Art riesiger Stempel entsteht, mit dem du dein Papier bedrucken kannst.

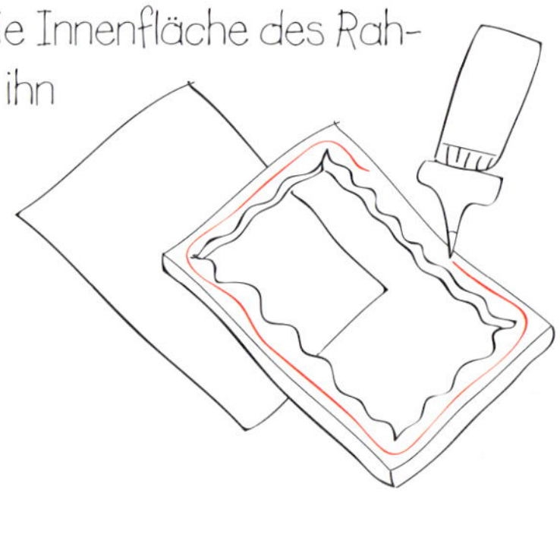

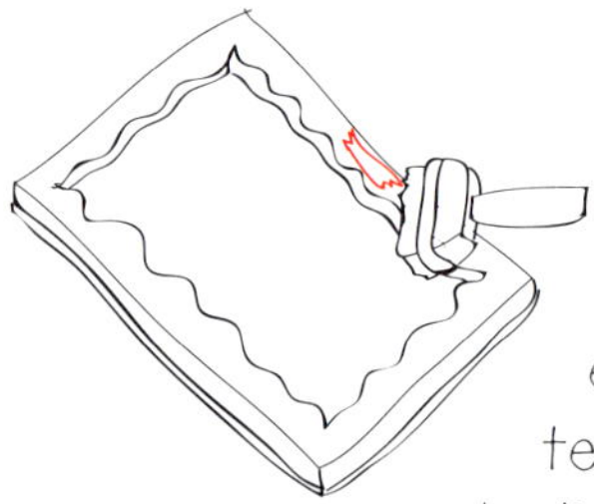

4 Zum Bedrucken streichst du die Bastelfarbe mit einem Pinsel auf den Stempel. Achte darauf, dass die Farbe nicht an den Rändern heruntertropft.

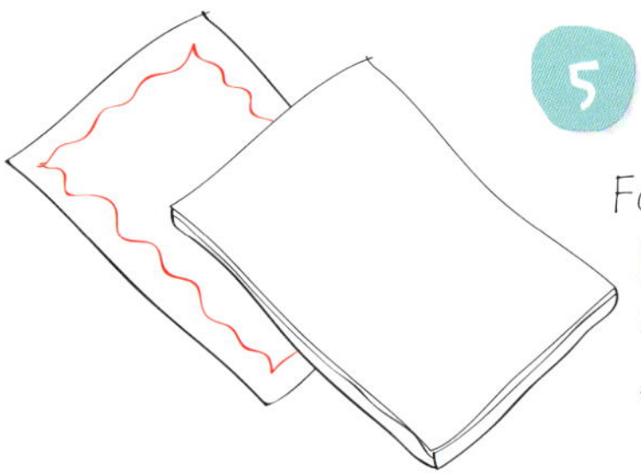

5 Wenn überall auf dem Moosgummistempel die Farbe gleichmäßig verteilt ist, drück den Stempel ganz fest und gleichmäßig auf weißes Papier.

Wie die Könige hast du jetzt dein eigenes Briefpapier. Teste es doch gleich einmal aus und schreibe einen „Königlichen Brief" an deine Eltern. Am besten beginnst du mit dem Satz: „Der König (oder die Königin) des Hauses hat zu verkünden ..."

Lieberpeter
Lieber Peter,
endlich sind große Ferien und mein Baumhaus ist jetzt
fertig. Ich nenne es Das Adlernest. Willst du morgen
vorbei kommen und es mit mir einrichten? Wir könnten
einen Geh imeingang bauen und dann wird es unser neu-
es Bandenh us. Aber Mädchen dürfen nicht rein.Außer
unserer Bande darf keiner davon erfahren. Ich sag den
Gruß

Puppen-theater

Du brauchst:

- Verpackungskarton, groß, mit breiten Seitenwänden (z. B. Umzugskarton)
- Geschenkpapier, gemustert
- Tonkarton
- Schaschlikspieße
- Bastelkleber
- Klebeband
- Cutter
- Schere
- Filzstifte in verschiedenen Farben

Und so wird's gemacht:

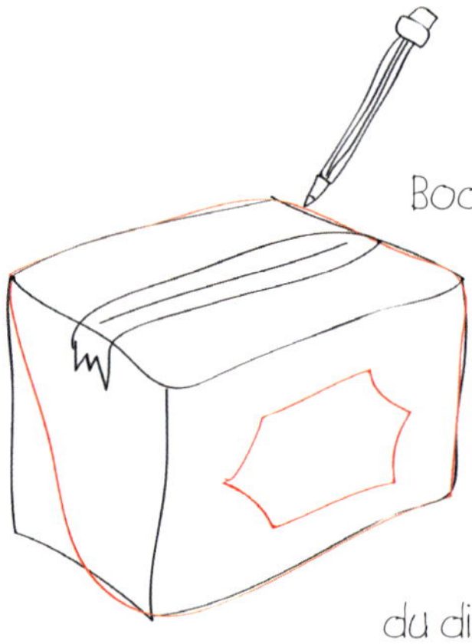

1 Du stellst den Karton mit der offenen Seite auf den Boden und malst, wie auf der Zeichnung zu sehen, die Schnittlinien auf die Unterseite und die Seitenwände. Schneide mit einem Cutter an den Linien entlang und pass auf, dass du dich nicht verletzt. Am besten lässt du dir von einem Erwachsenen helfen.

2 Aus der ausgeschnittenen Rückseite werden jetzt die Vorhänge für dein Theater angefertigt. Dazu malst du zwei gleich große Vorhänge auf den Karton, schneidest sie aus und befestigst sie an der Grundform.

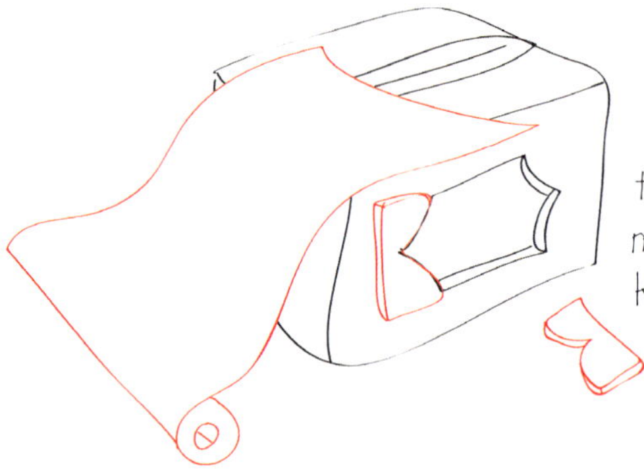

3 Dann kannst du dein Theater und die Vorhänge mit Geschenkpapier kunterbunt bekleben.

4 Natürlich braucht dein Theater noch einen Namen. Wenn dir ein lustiger Name eingefallen ist, dann malst du ihn auf ein Stück Tonkarton. Zeichne die Buchstaben direkt aneinander, sodass sie sich überschneiden, male sie bunt an und schneide sie aus.

5 Nun brauchst du die Schaschlikspieße. Du klebst die ausgeschnittenen Wörter mit Klebeband an die Spieße, steckst sie oben in dein Theater und fixierst sie am besten noch einmal mit Klebeband. Siehst du, schon ist dein Puppentheater fertig.

Toms Tisch-Theater

Buntes Wandgemälde

Du brauchst:

- Fotokarton in Weiß, DIN A3
- viele bunte Quilling-Papierstreifen
- Quillingstift
- Untertasse
- Alleskleber
- Filzstift in Schwarz (für den Rahmen)
- Schere oder Cutter

Und so wird's gemacht:

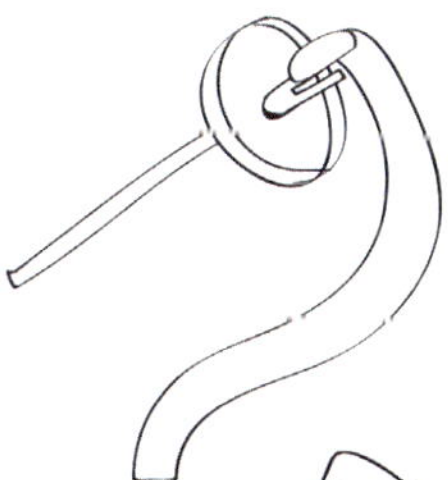

1 Zuerst drehst du die verschiedenen bunten Quilling-Papierstreifen mit dem Quillingstift so lange ganz eng auf, bis ein Schneckenhaus entstanden ist.

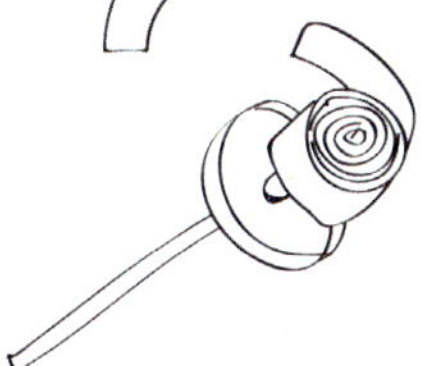

Als Nächstes stellst du eine alte Untertasse mit etwas Alleskleber bereit. Dann nimmst du das Schneckenhaus von dem Stift, drückst es mit einer Seite in den Alleskleber und klebst es auf den großen Karton. Lass an jeder Seite des Kartons einen etwa 2 cm großen Rand für einen schicken Rahmen stehen.

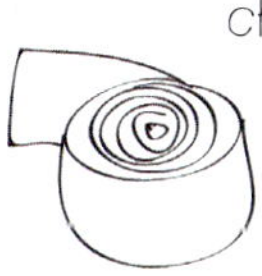

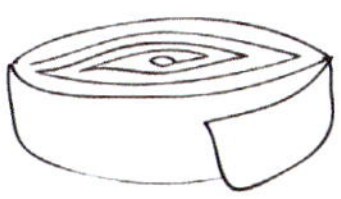

2 Wenn du das Schneckenhaus mit den Fingern zusammendrückst, entstehen neue Motive und Muster. Nun fertigst du weitere Papierschneckenhäuser und probierst aus, wie viele Möglichkeiten es gibt, neue Muster und Formen zusammenzustellen.

3 Wenn du den Karton mit vielen Schneckenhäusern beklebt hast, kannst du noch den Rahmen auf den Rand aufmalen und anschließend ausschneiden. Voilà, schon ist ein dreidimensionales Wandgemälde entstanden.

Spielzeug-Kalei-doskop

Und so wird's gemacht:

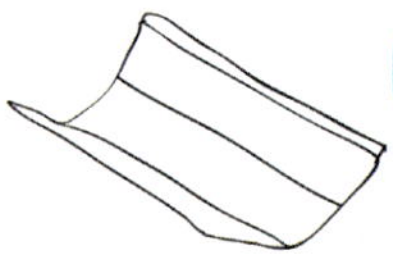

1 Zuerst schneidest du die Spiegelpappe auf eine Größe von 12,5 x 20 cm zu. Auf dem Rechteck markierst du jetzt drei gleich große, 4 cm breite Abschnitte und einen kleinen Kleberand mit einer Breite von 5 mm.

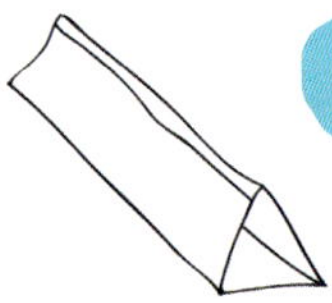

2 Aus dem Rechteck entsteht nun ein Prisma: Hierfür faltest du die Pappe so, dass ein ganz langes schmales Dach entsteht. Das Dach klebst du an dem schmalen Rand mithilfe des Bastelklebers zusammen.

3 Als Nächstes verschließt du ein Ende des langen Dachs mit durchsichtiger Klarsichtfolie, die du dann mit Klebeband an dem Dach befestigst.

4 Auf die gleiche Weise bastelst du jetzt noch ein kleines Prisma (Dach). Diesmal aus einem Rechteck, das 14 x 3 cm groß ist. Eine Seite dieses kleinen Prismas wird mit Pauspapier (oder einem Stück von der Butterbrottüte) verschlossen. Nun werden vorsichtig ein paar kleine Glitzersteine auf die Frischhaltefolie des langen Prismas gelegt. Damit diese nicht direkt wieder runterpurzeln, schiebst du jetzt das kurze Prisma über die Perlen und die Frischhaltefolie.

5 Dein fertiges Kaleidoskop kannst du noch mit buntem Papier und Dekoband bekleben, damit es von außen genau so bunt aussieht wie von innen!

Gut zu wissen:

Schon seit vielen Generationen ist das Kaleidoskop ein beliebtes und faszinierendes Spielzeug. Der Name Kaleidoskop kommt aus dem Altgriechischen und bedeutet frei übersetzt „Schönbildgucker". Erfunden hat es 1816 der schottische Physiker Sir David Brewster. Er hat das Kaleidoskop als wissenschaftliches Instrument verwendet, um Kristalle zu untersuchen. Die Bilder, die sich beim Drehen des Kaleidoskops immer wieder neu gestalteten, hatten auf den Betrachter eine beruhigende und gleichzeitig faszinierende Wirkung. Aus diesem Grund wurde das Kaleidoskop – lange bevor es Radios oder Fernseher gab – auf der ganzen Welt zur Unterhaltung von Erwachsenen und Kindern bekannt.

Du brauchst:
• Spiegelpappe in Silber
• Wellpappe
• Dekoband in Türkis
• Geschenkpapier, gemustert
• Klarsichtfolie
• farbige Plastikschnipsel
• farbige Perlen
• Pauspapier (Butterbrottüte)
• Schere
• Bastelkleber
• Klebeband
• Filzstift

Lesezeichen-Monster

Du brauchst:

- Tonkarton:
  - in Weiß, Gelb, Rot, Blau
  - mit verschiedenen Mustern
- Alleskleber
- Schere
- Filzstift in Schwarz
- **Vorlage 2, Seite 60**

und so wird's gemacht:

1 Übertrage die Vorlagen für die Grundform, für das Zahnteil und für die Augen (Vorlage 2, Seite 60) auf den jeweiligen Tonkarton und schneide sie aus.

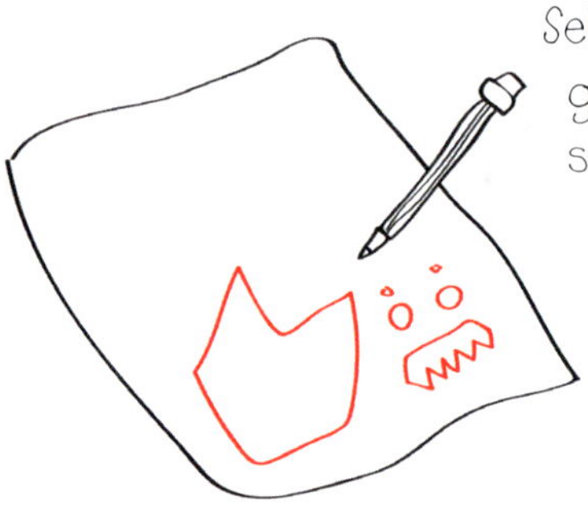

2 Die abstehenden Ecken der Grundform faltest du so übereinander, dass ein Viereck entsteht. Dann klebst du sie fest.

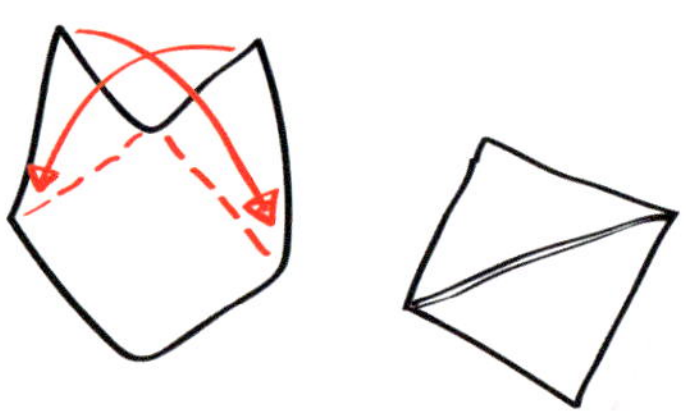

3 Jetzt bestreichst du das Zahnteil mit Kleber und befestigst es – wie auf dem Foto zu sehen – auf einer der dreieckigen Taschen.

4 Damit dein Monster sieht, was für einen „Wälzer" es verschlingt, klebst du die zwei größeren weißen und die zwei kleineren farbigen Kreise jeweils aufeinander. Male nun auf jedes Auge einen kleinen schwarzen Punkt auf. Jetzt kannst du die Augen auf dem Viereck anbringen. Hammmm ..., schon ist das Monster fertig!

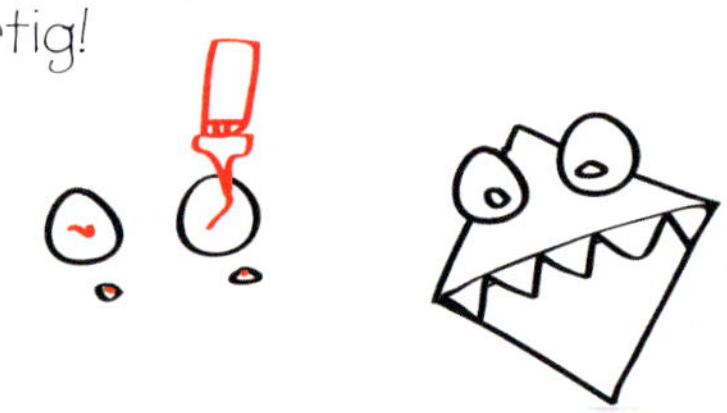

Tipp: Wenn du die schwarzen Augenpunkte aufmalst, kannst du Folgendes ausprobieren: Du malst die schwarzen Kreise nicht ganz aus, sondern lässt jeweils einen kleinen Punkt im oberen Teil frei. So erhalten die Augen einen tollen „Glanz" und sie sehen richtig lebendig aus.

Astrid Lindgren
wollte
Oetinger
der König wütend Doch die Zwerge
verrieten es ihm nicht. Da kroch er
selbst unter den Busch und suchte
nach den Krallen. Die Stacheln krall-
ten sich an ihm fest und kratzten
ihn. Nun wußte er, was geschehen

Milchtüten-Portmonee

und so wird's gemacht:

1 Zuerst spülst du eine leere Milchtüte gründlich aus.

2 Schneide dann den Boden und den Deckel der Milchtüte ab. Anschließend kürzt du drei Seiten um jeweils 5 cm (die vierte Seite bleibt lang).

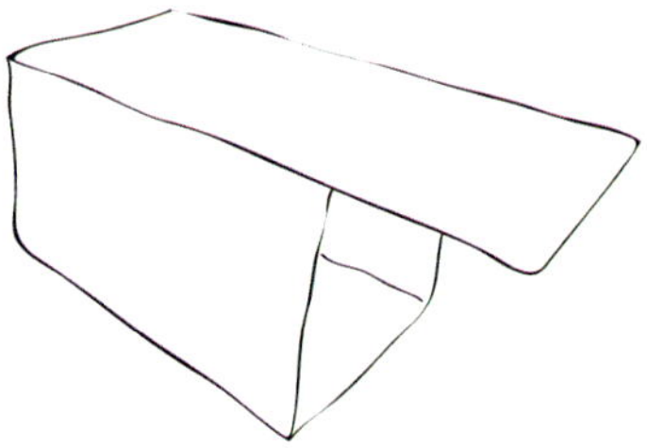

3 Als Nächstes drückst du die Seiten, genau wie auf der Zeichnung zu sehen, in der Länge ganz flach zusammen.

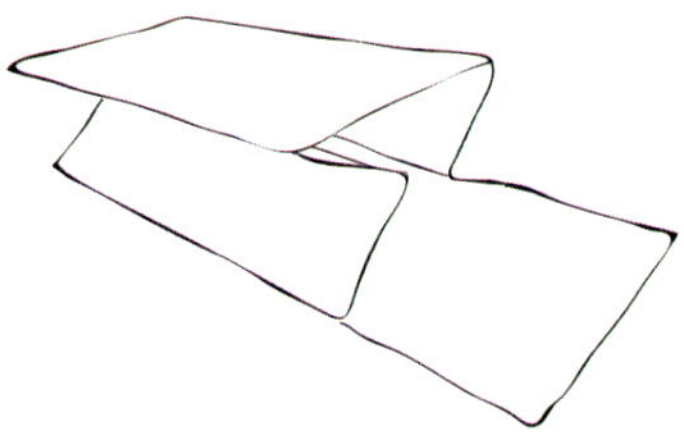

4 Falte jetzt die Milchtüte in der Mitte und fixiere mit Alleskleber die beiden aufeinanderliegenden Seiten, sodass zwei Geldfächer entstehen.

5 Die lange Seite knickst du nun herunter, rundest deren Ecken ab und bringst einen Druckknopf auf dem Deckel und auf dem gegenüberliegenden Teil an (siehe Foto).

Und schon ist dein Portmonee mit zwei Fächern fertig. Eine coolere und stilechtere Möglichkeit, dein Geld für einen Pausensnack in der Schule aufzubewahren, gibt es wohl nicht.

Du brauchst:

- leere Milchtüte
- Druckknopf
- Schere
- Alleskleber

Skizzen-buch

und so wird's gemacht:

1 Zuerst schneidest du zwei Buchdeckel aus Pappe in deiner Wunschgröße zu. Einen Deckel legst du zur Seite. Den anderen kürzt du in der Länge um die Materialstärke, das heißt, wenn dein Pappdeckel zum Beispiel 3 mm dick ist, schneidest du 3 mm von dem Pappdeckel in der Länge ab. Zusätzlich musst du nun noch einen etwa 2 cm breiten Pappstreifen von diesem Deckel längs abschneiden.

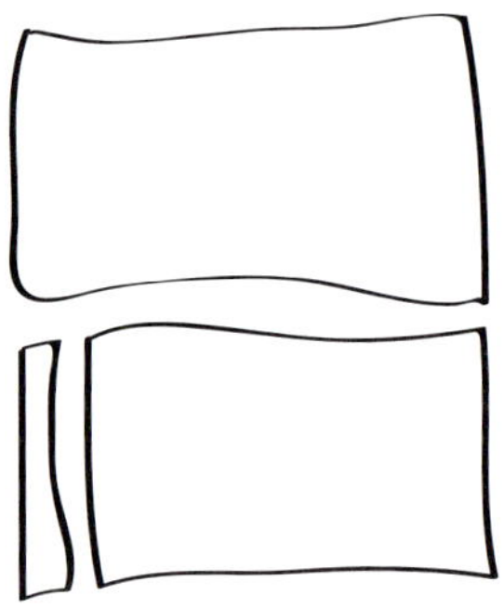

2 Beklebe die Buchdeckel mit Geschenkpapier. Wichtig ist, dass du beim Bekleben den zerschnittenen Deckel auf dem Papier wieder zusammensetzt, lass dabei allerdings einen Spalt zwischen dem 2 cm breiten Streifen und dem Rest des Deckels, in unserem Beispiel also 3 mm. Auf diese Weise bastelst du eine Knickkante, die das Aufschlagen des Buches und das Umblättern der Seiten des Buches ermöglicht.

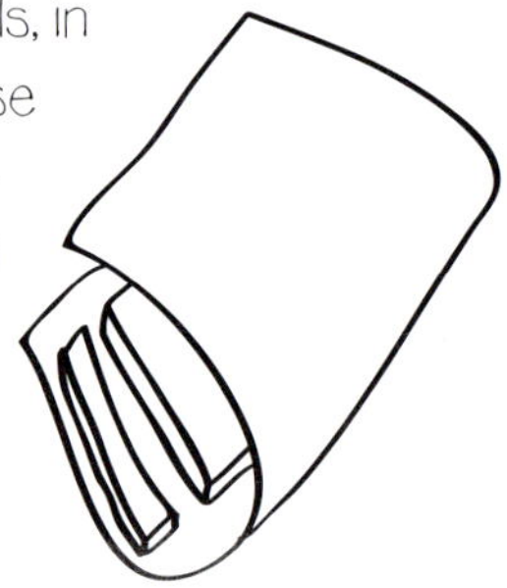

3 Nun kannst du die Seiten deines Buches aus Papier zuschneiden. Diese sollten etwas kleiner sein als die beiden Buchdeckel, damit sie von der dicken Pappe geschützt werden.

4 Wenn du genug Blätter für dein Skizzenbuch ausgeschnitten hast, lochst du die Blätter und die Deckel an der gleichen Stelle und legst sie wie auf der Zeichnung übereinander.

5 Zuletzt muss das Buch noch gebunden werden. Hierfür kannst du entweder Stoffbänder oder spezielle Buchschrauben verwenden. Wenn du Stoffbänder benutzt, ziehst du die Bandenden einfach durch die Löcher und knotest sie auf der Buchvorderseite zusammen. Du kannst die Vorderseite des Buches nun noch mit bunten Pappelementen oder ausgeschnittenen Buchstaben verzieren. Einfacher geht es nicht.

Tipp: Besonders hochwertig wirken die Skizzenbücher, wenn du die Kanten mit farbigem Klebeband einfasst.

Du brauchst:

- Pappe (oder Fotokarton)
- Schreibpapier
- Geschenkpapier, gemustert
- Stoffbänder
- Locher
- Schere
- Alleskleber
- Bastelkleber
- farbiges Klebeband

Murmel-orakel

Du brauchst:

- 2 Fotokartonbogen, ca. 35 x 50 cm
- dicke Pappe (z. B. von einem Verpackungskarton)
- Geschenkpapier, gemustert
- Murmeln
- Alleskleber
- Bastelkleber
- Klebeband, gemustert
- Geodreieck
- Filzstift in Schwarz
- Schere
- Cutter
- **Vorlage 3, Seite 61**

Und so wird's gemacht:

1 Zeichne zuerst die „Murmelstraßen“ auf einen der Fotokartonbogen auf. Eine Vorlage für die Anordnung der „Straßen“ findest du im Anhang des Buches (Vorlage 3, Seite 61).

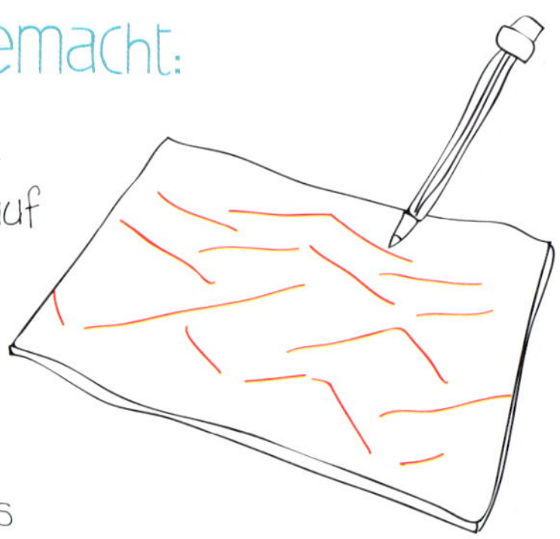

2 Jetzt schneidest du aus der dicken Pappe 2 cm breite Streifen für die „Straßen“ zu.

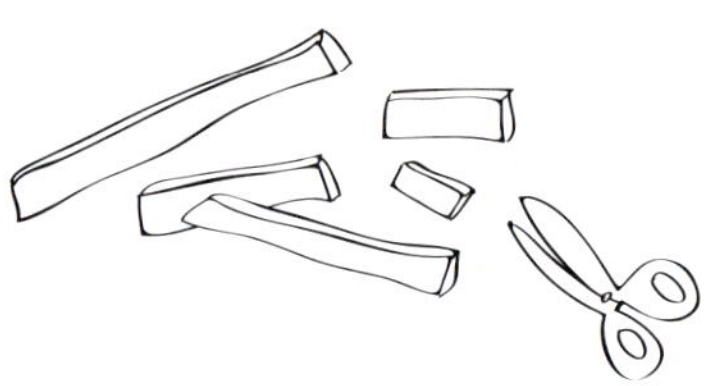

3 Als Nächstes musst du die Länge der einzelnen Straßen messen, die du auf den großen Fotokarton gemalt hast. Übertrage diese Längen auf die Pappstreifen und schneide sie zu. Am besten klebst du jeden Streifen mit der schmalen Seite gleich auf die Stelle, die du vorher ausgemessen hast. Sonst kommst du nachher mit den vielen einzelnen Streifen durcheinander.

Ganz unten auf deinem Karton müssten jetzt – wenn du die Vorlage verwendet hast – drei Pappstreifen-Dreiecke stehen, die aufeinander zulaufen und an deren Ende nur noch eine Murmel durchpasst. An diesen Stellen sollen nachher die Murmeln herausrollen.

4 Damit die Murmeln aber nicht einfach so rausfallen und auf den Boden rollen, baust du unter jedes dieser Dreiecke einen kleinen „Auffang“. Dieser wird jeweils nach dem gleichen Prinzip wie die Straßen gebastelt. Dazu misst du zuerst die Seitenlängen des Auffangs, die du aus der Vorlage auf den Fotokarton übertragen hast. Diese Längen überträgst du auf die 2 cm breiten Pappstreifen, schneidest sie zu und klebst sie an die eingezeichneten Stelle.

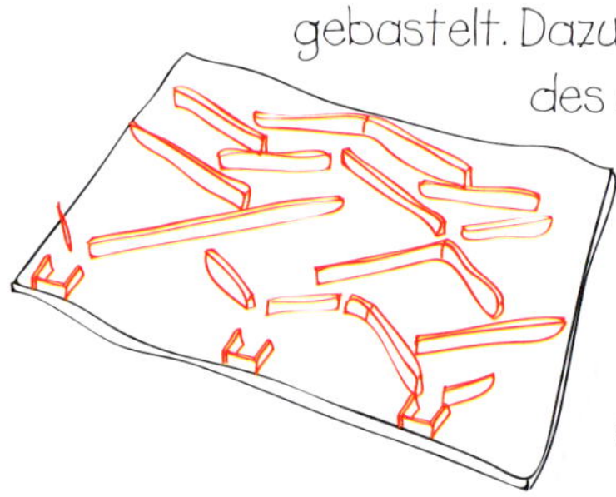

Das
MURmel
ORAKel
JA
NEIN
VIELLEICHT

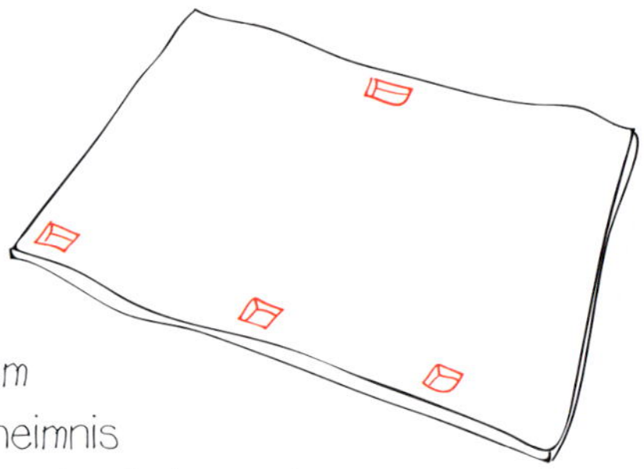

4 Damit es bis zum Schluss ein Geheimnis bleibt, wohin die Murmel rollt, braucht dein Orakel mit den vielen verschiedenen Straßen jetzt noch einen Deckel. Hierfür verwendest du den zweiten Kartonbogen. Hier schneidest du jetzt vier Öffnungen zu (Maßangaben siehe Vorlage).

Wenn du willst, kannst du nun den Deckel mit buntem Geschenkpapier bekleben und bemalen. Über die unteren drei Öffnungen schreibst du dann noch „Ja", „Nein" oder „Vielleicht". Wer mag, kann die Deckelkanten mit gemustertem Klebeband verzieren.

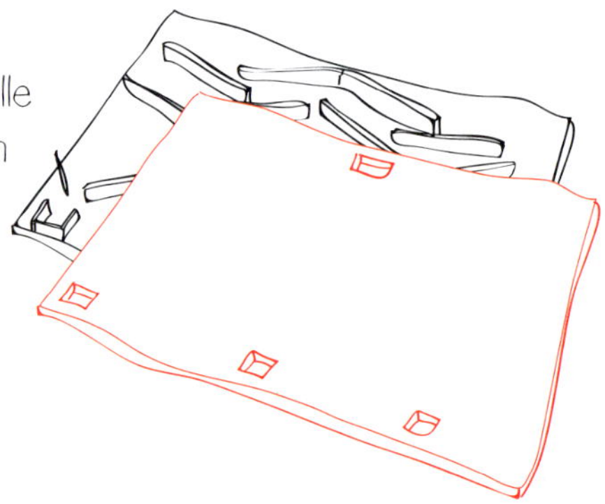

5 Als Nächstes bestreichst du alle schmalen Seiten deiner Straßen und der Auffänge mit Alleskleber. Aber pass auf, dass kein Kleber auf die Straßen läuft, sonst bleiben nachher deine Murmeln an dieser Stelle stecken.

6 Zuletzt legst du den Deckel auf die beklebten Straßen. Du kannst dich an den eng zugeschnittenen Öffnungen orientieren, wo genau der Deckel hingeklebt werden muss. Das Orakel ist fertig!

Und los geht's: Stell dem Orakel eine Frage, die mit „Ja", „Nein" oder „Vielleicht" beantwortet werden kann, leg eine Murmel in die obere Öffnung und warte auf die Antwort.

Gut zu wissen:

Orakel gab es schon lange vor dem Mittelalter. Allerdings waren es damals keine Murmelbahnen wie die, die jetzt in deinem Zimmer hängt, sondern richtige Menschen. Aber man hat die menschlichen Orakel genau dasselbe gefragt wie du deins. Also Fragen über die Zukunft oder Entscheidungsfragen. Die Antworten, die man damals bekommen hat, durften dann auch als Ausrede benutzt werden. Also wenn du das nächste Mal aufräumen sollst und dein Orakel sagt nein, kannst du das ja deinen Eltern sagen – und vielleicht kannst du das Aufräumen dann auch mal verschieben.

Tipp: Schneide aus alten Zeitungen Buchstaben aus und beklebe damit den Deckel.

Briefkasten für die Tür

Du brauchst:

- Verpackungskarton, ca. 30 x 30 x 12 cm
- Geschenkpapier, gemustert
- Streichholz
- Knopf
- Stickpappe mit Posthornmotiv, ca. 10 x 10 cm
- Stoffband
- Klebeband, gemustert
- Alleskleber
- Acrylfarbe in Gelb
- Nadel
- Schere
- Cutter

Und so wird's gemacht:

1 Für die Briefkastenklappe schneidest du mit einem Cutter in eine breite Seite des Kartons eine Klappe: Dazu führst du einen 20 cm langen Schnitt längs und an den Enden jeweils einen 5 cm langen Schnitt nach oben aus. Lass dir dabei am besten von einem Erwachsenen helfen, denn das Cuttermesser ist sehr scharf.

Da du die Nachrichten oder Briefe nicht durch die Klappe wieder herausbekommst, musst du an eine der schmalen Seiten des Kartons eine 10 cm breite und 20 cm hohe Klappe schneiden.

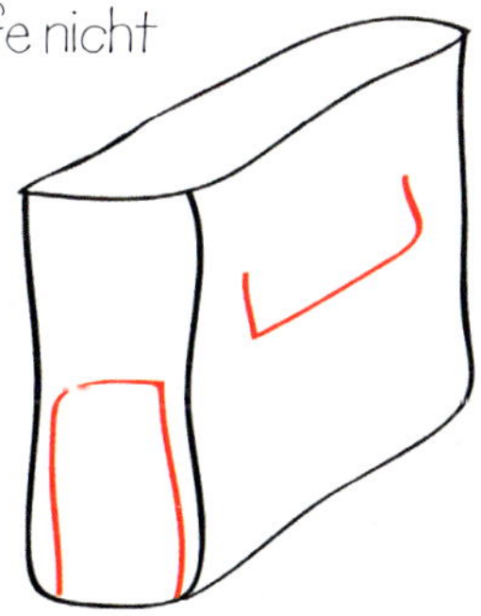

2 Jetzt kannst du den Briefkasten mit gelber Acrylfarbe anmalen. Oder du wählst deine Lieblingsfarben aus, dann wird der Kasten richtig bunt. Wenn die Farbe getrocknet ist, verzierst du die obere und die untere Kante des Kastens sowie die Briefkastenklappe mit gemustertem Klebeband. Wer mag, kann auch die Seitenklappe mit gemustertem Papier und Klebeband verschönern.

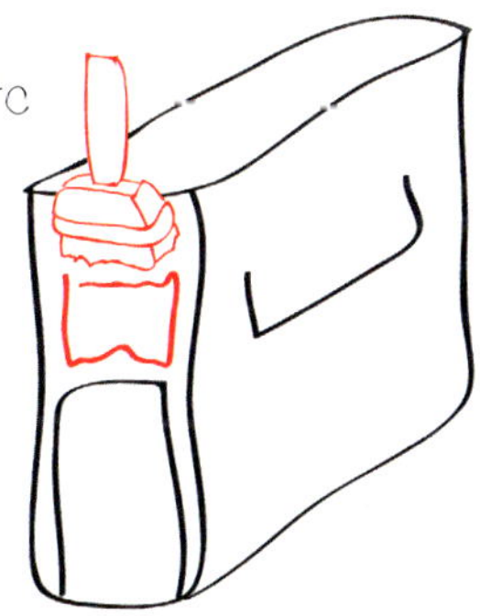

3 Damit die Seitenklappe nicht immer von alleine aufgeht, bastelst du einen Verschluss: Zuerst bohrst du mit einer Nadel etwa 1 cm mittig über der Klappe ein Loch durch den Karton. Dann knotest du ein Streichholz in die Mitte eines 20 cm langen Fadens. Die beiden Garnenden steckst du nun von der Innenseite des Kartons durch das Loch und ziehst sie nach außen, sodass das Streichholz fest an die Innenseite gezogen wird. Zieh als Nächstes das Garn durch die Löcher eines Knopfes und verknote sie ganz fest.

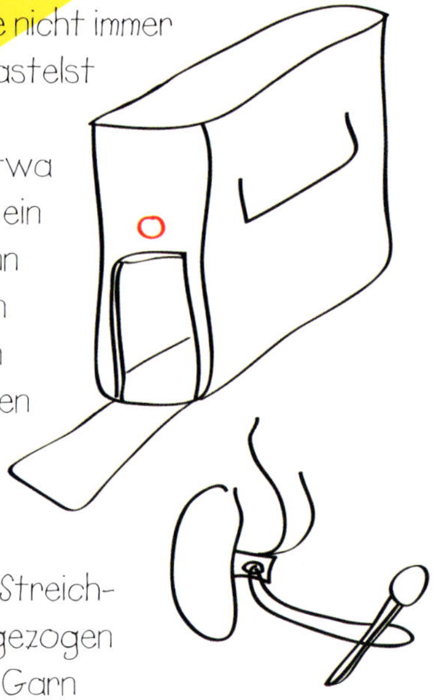

4 Dann legst du aus Stoffband eine Schlaufe und befestigst sie mit Alleskleber oben an der Seitenklappe. Achte darauf, dass die Schlaufe lang genug ist, damit sie gut über den Knopf gezogen werden kann. Schon ist der Verschluss fertig! Auch die Briefklappe kannst du mit einer Schlaufe verschönern.

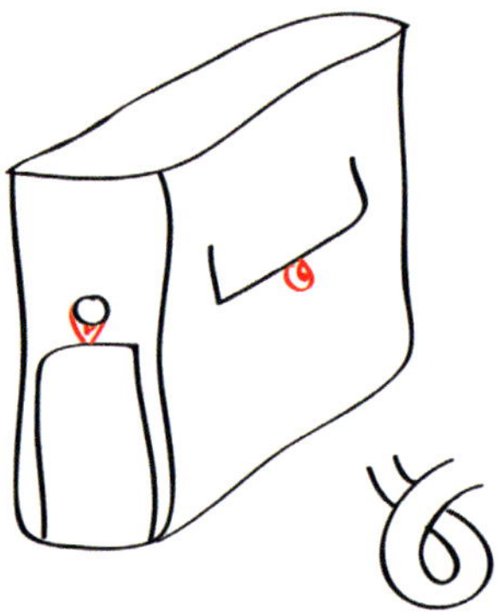

5 Zuletzt stickst du mit Nadel und Garn ein Posthorn auf die Musterpappe und klebst sie vorne auf deinen Briefkasten. Natürlich kannst du auch deinen Namen oder den Namen deiner Bande aufsticken. Deiner Fantasie sind keine Grenzen gesetzt.

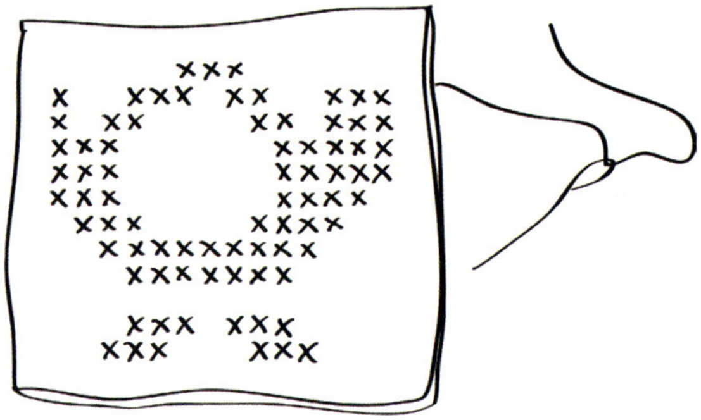

Gut zu wissen:

Vor 500 Jahren wurden Briefe und Pakete mit Postkutschen von einem Ort zum anderen gebracht. Das war zu der Zeit die schnellste und meist auch sicherste Variante. Weil viele Städte zu der Zeit noch durch Zugbrücken oder riesige Tore gesichert waren, hat der Fahrer einer Postkutsche auf einem Horn geblasen, damit die Torwachen rechtzeitig die Tore öffnen konnten. Auf den langen Reisen wurde dieses Horn auch geblasen, damit alle den Weg frei machten, denn schon damals musste die Post so schnell wie möglich zugestellt werden. Weil dieses Horn die Wichtigkeit und den Vorrang der Post symbolisierte, kannst du es auch heute noch als Symbol bei Postfirmen auf der ganzen Welt finden.

SEITENANSICHT

Malen mit Murmeln

und so wird's gemacht:

1 Zuerst legst du ein weißes Blatt Papier auf den Boden der Kiste, sodass der gesamte Boden bedeckt ist. Wenn das Blatt größer ist als der Boden, dann schneide es einfach zurecht.

2 Jetzt markierst du mit dem Klebeband eine „Rennstrecke" auf dem Papier und schreibst mit dem Filzstift darauf, wo Start und Ziel sein sollen.

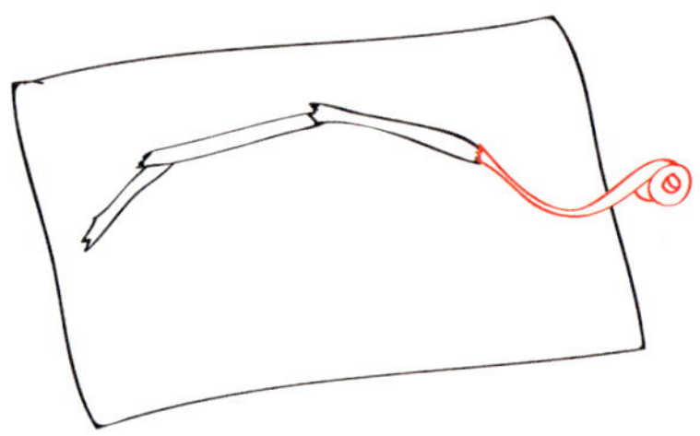

Tipp: Selbstverständlich muss das Meisterwerk, an dem so viele Menschen beteiligt waren, bis zum nächsten Renntag am Kühlschrank hängen bleiben!

3 Das Papier legst du in die Kiste.

Spielregeln beim Malen

Nun suchst du dir jemanden, mit dem du die Strecke um die Wette „abfahren" kannst. Tauche deine Kugel in eine der Acrylfarben, leg sie auf den Start und versuche die Rennstrecke so schnell wie möglich abzufahren, ohne von der Strecke abzukommen.

Lass als Nächstes deinen Mitspieler mit einer Murmel in einer anderen Farbe die Strecke abfahren. Nimm jetzt das Papier aus der Kiste. Das wilde Gekrakel sieht doch irgendwie cool aus, oder?

Und dieses Meisterwerk bekommt natürlich der Sieger. Doch wer ist das? Der Sieger ist nicht derjenige, der am schnellsten im Ziel war, sondern derjenige, der am wenigsten über die Linien gefahren ist!

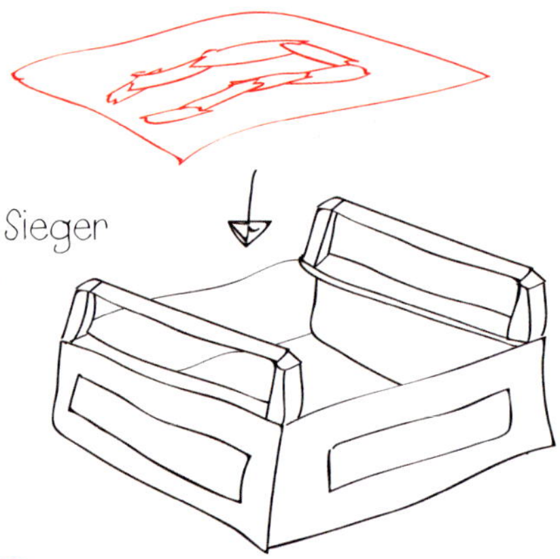

Du brauchst:

- kleine Obstkiste mit Griffen (z. B. aus dem Supermarkt)
- Papier in Weiß
- Murmeln
- verschiedene Acrylfarben
- Klebeband
- Filzstift in Schwarz

Knete selber machen

Du brauchst:

- 400 g Weizenmehl
- 200 g Salz (kein Jodsalz)
- 2 gehäufte Esslöffel Alaunpulver (bekommst du in jeder Apotheke)
- 1/2 l kochendes Wasser
- 3 große Esslöffel Öl
- Lebensmittelfarbe
- eventuell Bastelglitzer
- Schüssel
- Mixer

und so wird's gemacht:

Hinweis: Alaunpulver macht die Knete schön geschmeidig. Es ist nicht giftig, sollte allerdings nicht in den Mund genommen werden, da es sehr bitter schmeckt. Falls sehr kleine Kinder mit dieser Knete spielen, kann das Pulver bei der Herstellung der Knete einfach weggelassen werden.

1. Du wirst sehen: Knete herzustellen ist genauso leicht, wie einen Kuchen zu backen. Zuerst verrührst du Mehl, Salz und die zwei Esslöffel Alaunpulver mit einem Löffel in einer Schüssel.

2. Dann bittest du deine Mama oder deinen Papa, das kochende Wasser in den Teig zu gießen und alles mit einem Mixer zu verrühren, denn du könntest dich an dem kochenden Wasser verbrühen.

3. Als Nächstes gibst du das Speiseöl und deine Lieblingslebensmittelfarbe in die Schüssel. Wenn du möchtest, kannst du auch etwas Bastelglitzer hinzugeben, damit deine Knete später bunt schimmert.

4. Jetzt musst du Ausdauer zeigen und so lange rühren, bis die Masse in der Schüssel so aussieht wie Knete – und sich auch genauso anfühlt. Dann füllst du deine Knete in Plastikdosen. Viel Spaß beim Kneten!

Tipp: Wenn du die Knete nach dem Spielen immer wieder in den Kühlschrank zurückstellst, hält sie fast ein halbes Jahr. Und keine Angst: Du kannst damit ordentlich „rummatschen", denn deine neue Knete macht keine Flecken! Wichtig: Wegen des Alauns aufpassen, dass du die Knete nicht verschluckst.

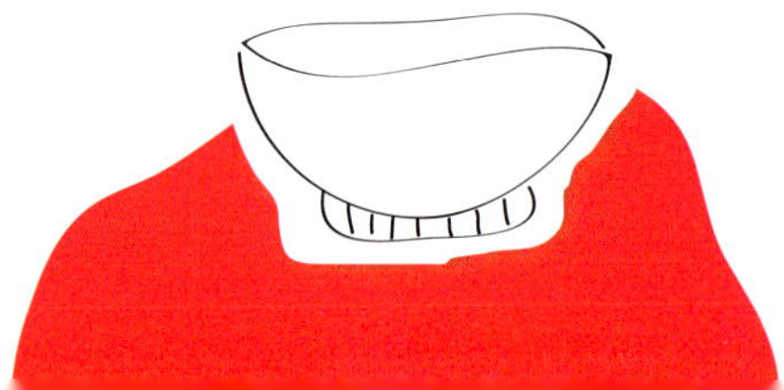

KNETE

Wachsstifte selber herstellen

Du brauchst:

- Wachsmalstiftereste
- Muffinförmchen aus Silicon
- Messer
- Backofen

Und so wird's gemacht:

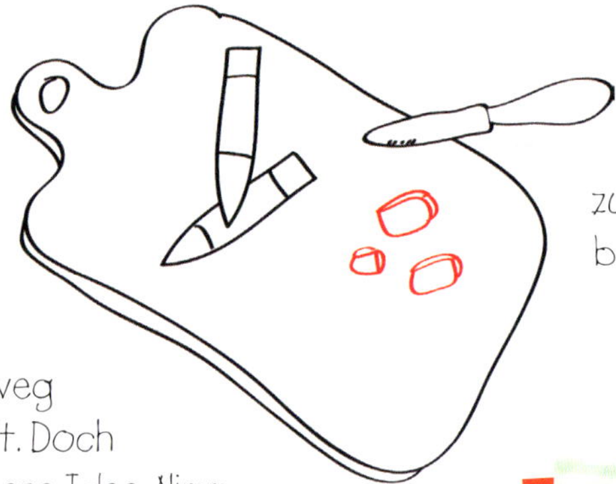

1 Kennst du das auch? Der Wachsmaler ist so klein geworden, dass du ihn kaum noch zwischen den Fingern halten kannst. Deshalb wirfst du den kleinen Stummel lieber weg und nimmst einen neuen Stift. Doch halt! Ich habe da eine bessere Idee. Nimm deine Wachsmalstiftereste (am besten viele verschiedene Farben durcheinander), zerkleinere sie mit einem Messer und füll damit Muffinförmchen aus Silicon bis zum Rand.

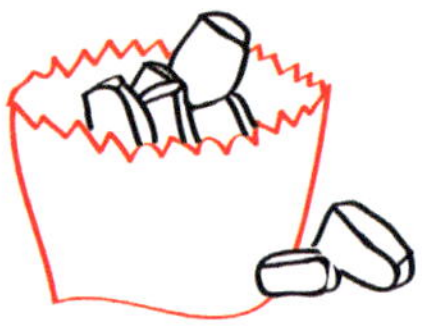

2 Stell die Förmchen bei 100 °C für 20 Minuten in den Backofen und schau zu, wie aus den vielen kleinen Resten wieder eine Masse wird.

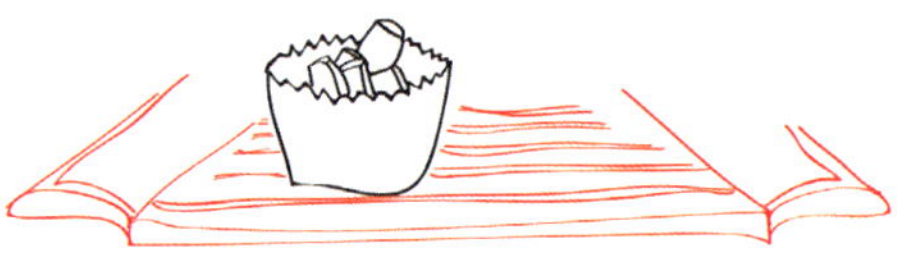

3 Nimm die Förmchen aus dem Backofen und lass sie abkühlen, bis die Masse ganz fest geworden ist.

4 Jetzt kannst du deine neuen Wachsmaler aus der Form drücken und anfangen zu malen. Lass dich überraschen, was für lustige bunte Farben auf deinen Bildern zu sehen sind.

Schatzkiste mit Geheimfach

Du brauchst:

- Schuhkarton
- dicke Pappe (z. B. von einem Verpackungskarton)
- Tonkarton in Hellgrün, DIN A3
- Geschenkpapier, einfarbig und gemustert
- Klebeband
- Schere
- Cutter
- Filzstifte in verschiedenen Farben

Und so wird's gemacht:

1 Als Erstes schneidest du (oder besser: ein Erwachsener) mit dem Cutter im unteren Teil des Schuhkartons fast über die ganze Länge einen 4 cm breiten Schlitz, sodass eine Klappe entsteht, die sich nach unten öffnen lässt. Pass dabei auf, dass du nicht die untere Kante des Kartons einschneidest.

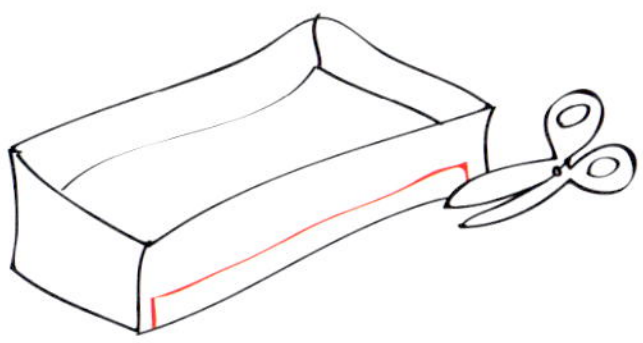

2 Schneide nun aus der dicken Pappe vier kleine Rechtecke heraus, die so hoch sind wie der Schlitz (4 x 6 cm) und klebe sie innen an die schmalen Seitenwände des Schuhkartons.

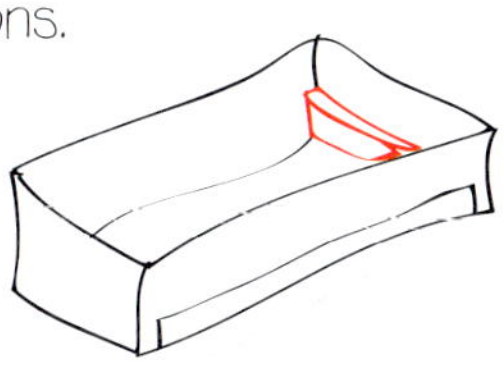

3 Auf die gleiche Pappe zeichnest du nun einen „Zwischenboden" auf, der etwas kleiner als der Schuhkarton ist (Kartongröße minus Materialstärke), und schneidest ihn aus.

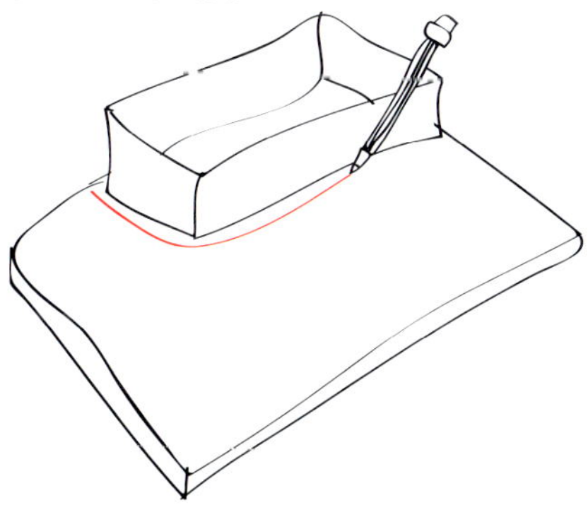

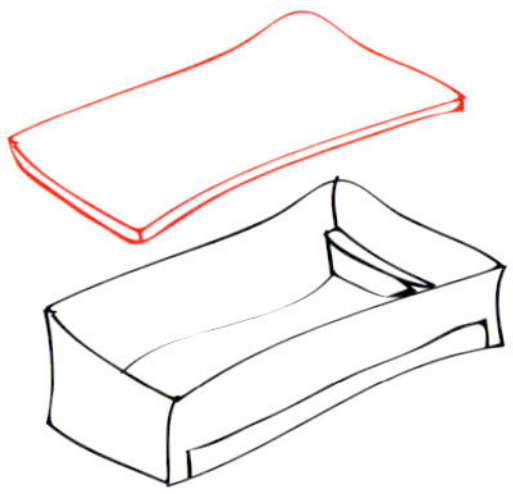

4 Den Boden legst du dann auf die vier Rechtecke und klebst ihn mit Klebeband an den Wänden des Schuhkartons fest. Fertig ist das Geheimfach.

5 Jetzt nimmst du den Deckel und schneidest ihn an einer der langen Seiten rechts und links so ein, dass ein Scharnier entsteht. Das Scharnier klebst du auf die hintere lange Seite des Schuhkartons. Jetzt kannst du deine Truhe problemlos auf- und zuklappen.

6 Damit dein Schuhkarton nachher auch so aussieht wie eine echte Schatzkiste, braucht der Deckel noch einen Bogen. Dazu misst du die Breite des Kartondeckels und zeichnest auf die dicke Pappe einen Kreis mit diesem Durchmesser.

7 Nun schneidest du eine Kreis aus und einmal genau in der Mitte durch. Klebe die beiden Halbkreise an die schmalen Seiten des Deckels. Den Papierbogen schneidest du auf die Breite des Deckels zu.

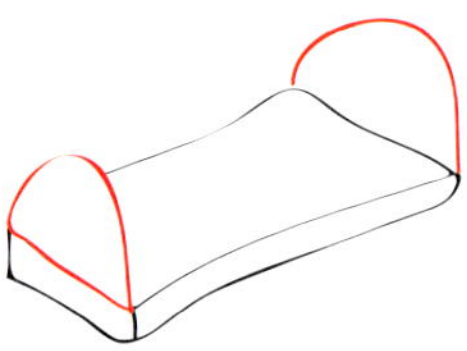

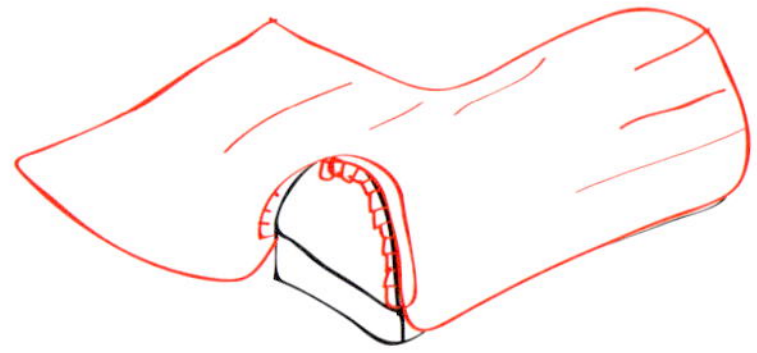

Anschließend spannst du den Papierbogen von der nicht eingeschnittenen Seite bis zum Scharnier über die beiden Halbkreise. Befestige zuerst den Bogen mit dem Klebeband an den langen Seiten des Deckels.

Klebe danach das Klebeband über beide Seiten des Bogens, sodass es halb über diese hinaus zeigt. Schneide das überstehende Klebeband im Abstand von 1 cm ein und klebe es dann erst auf die Halbkreise.

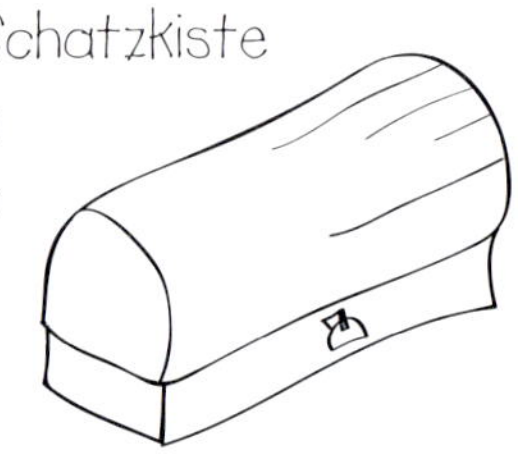

8 Zuletzt kannst du die neue Schatzkiste noch mit Geschenkpapieren bunt bekleben oder mit Filzstiften bemalen. Lass dir coole Piratenmotive einfallen, zum Beispiel einen Anker oder ein Segelschiff. Auch kannst du aus Pappe und Papier ein Schloss basteln, das sieht richtig echt aus. Das Wichtigste aber ist: Erzähl niemandem von deinem Geheimfach!!! Psssssssst!

Geheimfach

Stifte-Automat

und so wird's gemacht:

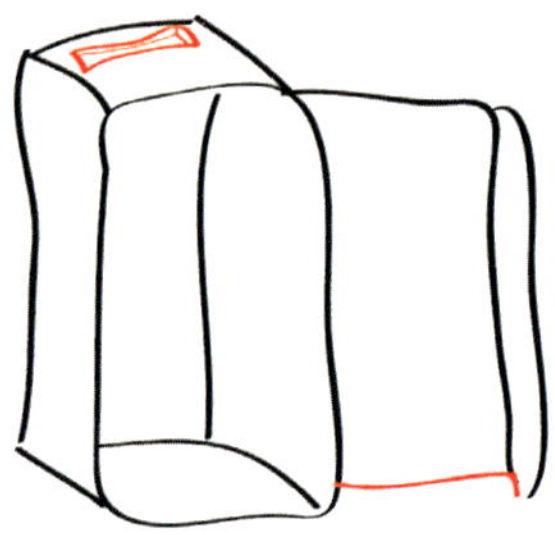

1 Du stellst den Karton hochkant hin, öffnest den Deckel und schneidest vom unteren Teil des Deckels 2,5 cm ab. Als Nächstes schneidest du auf der oberen Seite ebenfalls einen 2,5 cm breiten Schlitz, sodass ein Stift problemlos durchfallen kann.

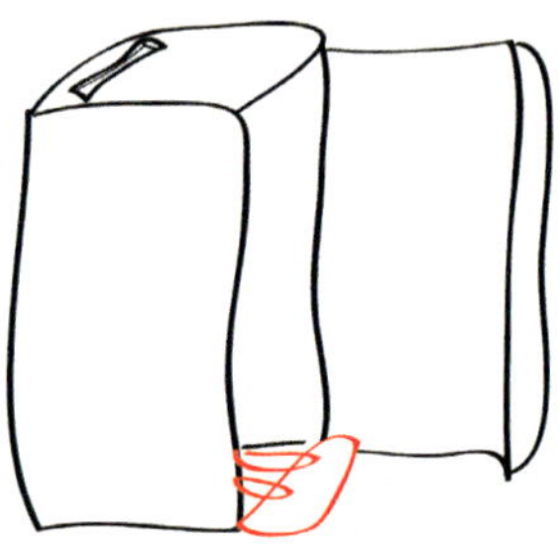

2 Schneide jetzt ein Stück Pappe aus, das so breit wie der Kartonboden ist – und so lang, dass es ungefähr 5 cm aus dem Karton herausragt. Klebe dieses Pappstück auf dem Kartonboden fest.

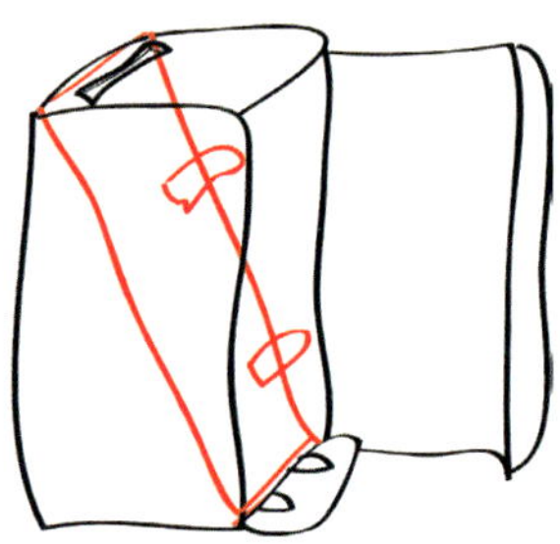

3 Anschließend baust du eine Rampe, auf der die Stifte nachher heruntersausen können. Dazu zeichnest du die große Seite des Kartons auf die Pappe und verlängerst die Zeichnung noch um 3 cm. Schneide das Stück aus und klebe es von dem Schlitz, den du in den oberen Teil des Kartons geschnitten hast, bis zur unteren Kante des Kartons, wo du den Boden verlängert hast.

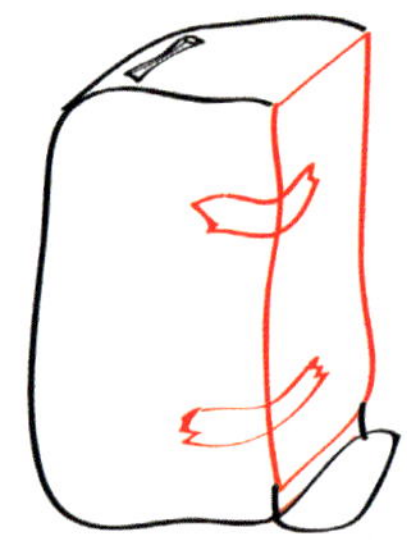

4 Setz den Deckel wieder auf den Karton und klebe ihn fest. Probier nun schon einmal aus, ob deine Stifte von oben nach unten durchrollen. Wenn das klappt, musst du noch dafür sorgen, dass die Stifte nicht unten herauskullern und auf den Boden fallen.

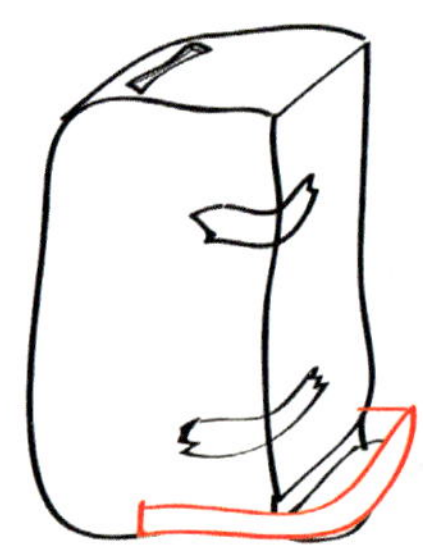

5 Schneide dafür einen 40 cm langen und 3 cm breiten Pappstreifen zu und klebe ihn mit Alleskleber auf das Ende des verlängerten Bodens und an die beiden Seiten des Kartons. Jetzt kann kein Stift mehr entkommen.

6 Weil alte Kartons immer etwas langweilig aussehen, kannst du deinen neuen Stifte-Automat noch mit gemusterten Klebebändern verzieren. Wer mag, kann den Karton aber auch anmalen oder mit bunten Papierresten bekleben.

Du brauchst:

- Schuhkarton, mindestens 20 cm breit
- stabile Pappe (oder Fotokarton)
- Klebeband, gemustert
- Alleskleber

Tipp: Am besten füllst du gleich deinen neuen Automaten mit deinen Buntstiften. Du kannst ein Bild malen und dabei immer die Farbe nehmen, die der Automat als Nächstes auswirft.

Stifte-Maschine

und so wird's gemacht:

Hinweis: Bei diesem Modell müssen mit dem Cutter – durch kleine Löcher hindurch – Einschnitte ausgeführt werden. Diese schwierige Aufgabe sollten nur ältere Kinder übernehmen, die sehr geübt im Umgang mit einem Cutter sind. Am besten hilft ein Erwachsener.

1. Du malst mit einem etwas dickeren Filzstift ein Raster aus jeweils vier Strichen auf einen Bierdeckel.

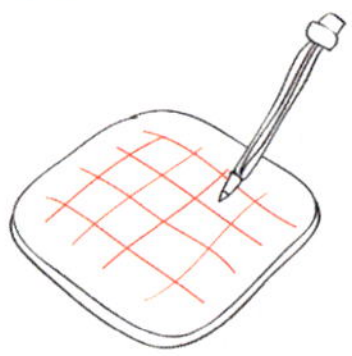

2. Klebe jetzt diesen mit einem weiteren Bierdeckel mit Klebeband übereinander, und zwar so, dass der Bierdeckel mit dem Raster oben liegt.

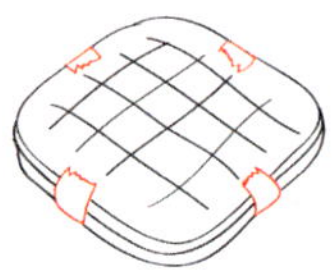

3. Mit einem Korkenzieher bohrst du an jeder Stelle, wo sich die Striche im Raster kreuzen, einmal durch beide Bierdeckel durch. Dabei musst du sehr vorsichtig sein, damit du dir nicht in die Finger stichst, denn so ein Korkenzieher kann sehr spitz sein.

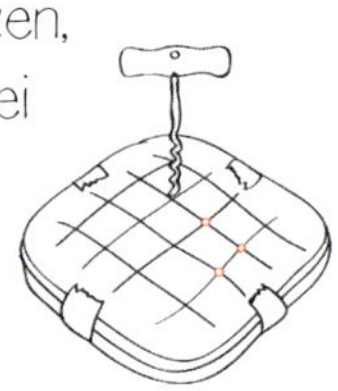

4. Als Nächstes zeichnest du den Umriss der durchlöcherten Bierdeckel zweimal auf das Moosgummi und schneidest die Formen aus.

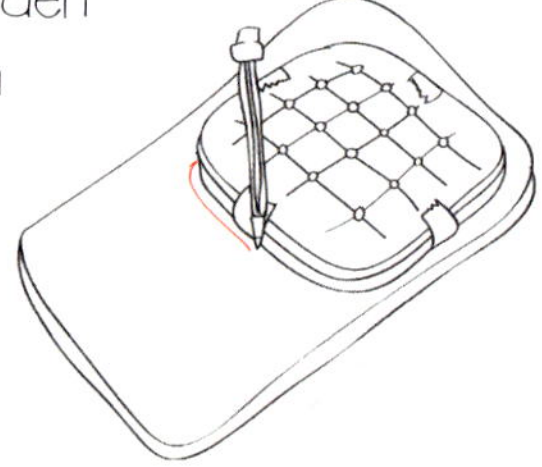

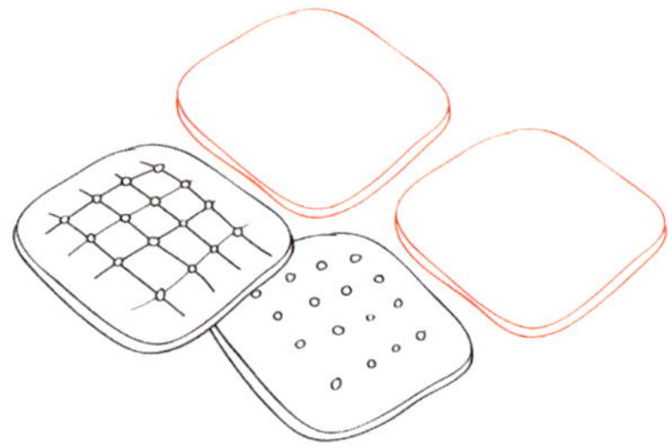

5. Entferne nun das Klebeband von den Bierdeckeln, leg jeweils einen Bierdeckel auf eine ausgeschnittene Moosgummiform und klebe sie mit Alleskleber zusammen. Jetzt wird es etwas schwierig: Mit einem Cutter schneidest du (oder besser: ein Erwachsener) dann durch jedes Loch ein kleines Kreuz in das Moosgummi.

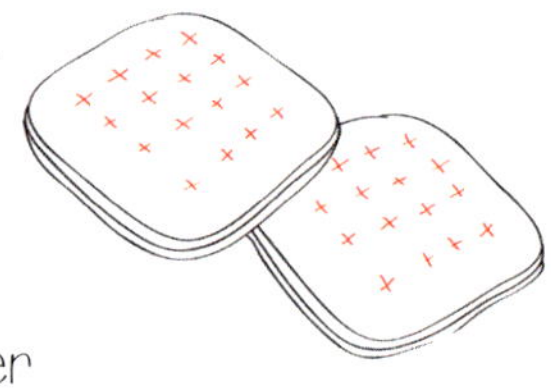

6. Nun fehlt nur noch der „Griff" für deine Stifte-Maschine: Hierfür nimmst du zwei Bierdeckel, beklebst sie mit Geschenkpapier und schneidest in jeden mit dem Cutter auf gleicher Höhe eine Kerbe hinein, in die die Moosgummi-Bierdeckel reingeschoben werden können. Auf der anderen Seite schneidest du dann jeweils noch ein Loch für deine Hand hinein, an der du die Maschine nachher festhalten kannst. Am besten übernimmt ein Erwachsener diese Aufgabe.

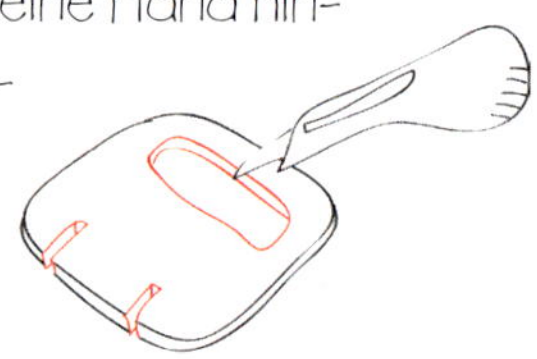

7. Die mit Moosgummi beklebten Bierdeckel schiebst du in die Kerben und steckst durch die Löcher deine Buntstifte. Beim ersten Mal ist dies vielleicht noch etwas schwierig, aber je öfter du die Stifte wechselst, desto leichter wird es.

Nimm dir jetzt ein Blatt Papier und probiere deine neue Stifte-Maschine gleich aus. Lass auch mal an manchen Stellen Stifte weg und sieh, wie sich die Muster ändern.

Du brauchst:

- 4 Bierdeckel
- Moosgummi
- Geschenkpapier
- Klebeband
- Alleskleber
- Geodreieck
- Cutter
- Korkenzieher
- Filzstift in Schwarz

T-Shirt-Teppich

Du brauchst:

- viele alte T-Shirts (frag am besten erst deine Eltern, bevor du T-Shirts zerschneidest)
- Hula-Hoop-Reifen
- Schere

Und so wird's gemacht:

1 Schneide alte T-Shirts so zu, dass ein 1 cm breiter Endlosfaden entsteht. Knote alle T-Shirt-Fäden aneinander und rolle sie so auf, dass es so aussieht wie ein Wollknäuel.

2 Jetzt befestigst du den Anfang des Fadens an dem Hula-Hoop-Reifen. Dann wickelst du den Faden einmal um den Reifen, führst ihn parallel wieder zurück und wickelst ihn wieder um den Reifen herum.

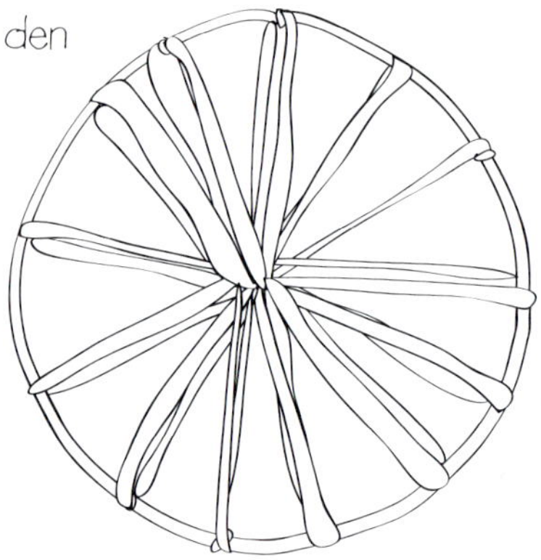

Anschließend ziehst du den Faden zurück bis zur Mitte des Reifens, wickelst ihn einmal um die mittlere Stelle des bereits gespannten Fadens und ziehst den Faden danach diagonal zu einer Seite und wickelst ihn wieder um den Reifen herum. Das machst du so lange, bis eine Art „Spinnennetz" im Reifen entsteht. Wenn du den Faden das letzte Mal um den Hula-Hoop-Reifen gewickelt hast, knote ihn fest und schneide ihn ab.

3 Nun nimmst du das T-Shirt-Knäuel und knotest den Faden in die Mitte des Spinnennetzes und fängst an, um die Mitte herum zu weben. Immer den Faden einmal über das gespannte Fadennetz und einmal darunter ziehen. Wenn du magst, kannst du ihn auch einmal um jeden Faden wickeln, dann bekommt dein Teppich ein tolles Muster. Wie ein Schneckenhaus webst du von innen nach außen bis zum Rand. Wenn du fast am äußersten Rand des Reifens angekommen bist, verknotest du den Faden und schneidest ihn ab.

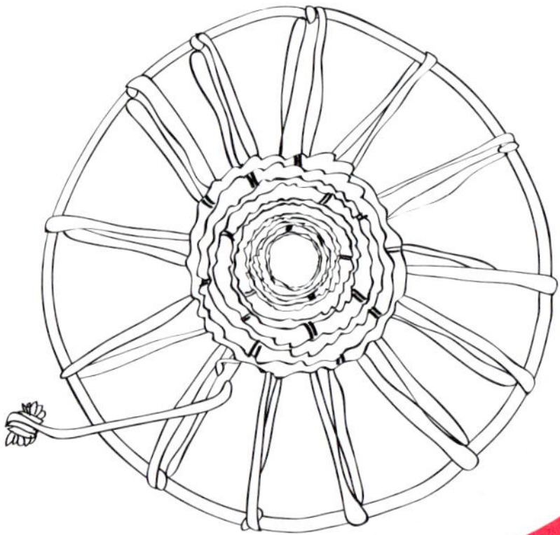

Märchen in Schreibschrift
BILLY

4 Anschließend kannst du deinen fertigen Teppich von dem Reifen befreien: Dazu schneidest du einfach alle Fäden, die an dem Ring befestigt sind, ab und verknotest auch diese miteinander (siehe Zeichnung).

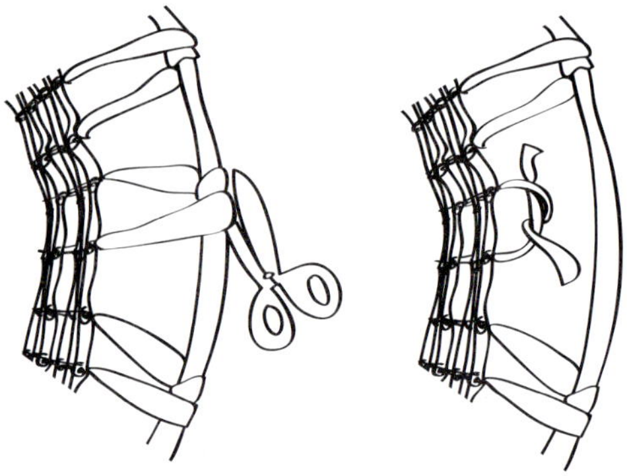

Gut zu wissen:

Mit der Technik, mit der du deinen Teppich gewebt hast, webt man schon seit mehreren tausend Jahren. Schon die alten Pharaonen in Ägypten haben gewobene Kleider getragen. Die ersten mechanischen Webstühle wurden erst vor 500 Jahren erfunden. Bis dahin hat man noch alles mit der Hand gemacht. Den ersten elektrischen Webstuhl, der mit Strom lief, hat 1879 Ernst Werner von Siemens erfunden. Den Namen Siemens kennst du vielleicht von Mamas Waschmaschine.

Und schon ist dein kunterbunter T-Shirt-Teppich fertig! Du siehst, man muss nicht immer alles wegwerfen, nur weil es nicht mehr so cool aussieht. Man kann noch tolle Sachen daraus machen.

Du brauchst:

- Verpackungskarton, ca. 50 x 70 cm (z. B. Obstkarton aus dem Supermarkt)
- leere Milchtüten
- Geschenkpapier, gemustert
- leere Konservendose
- Alleskleber
- doppelseitiges Klebeband
- normales Klebeband
- Cutter
- Vorlage 4, Seite 61

Kunter-buntes Utensilo

und so wird's gemacht:

1 Damit du nicht einfach nur einen Karton beklebst und ihn an die Wand hängst, kannst du zuerst eine Abstellfläche basteln. Dafür zeichnest du an eine der Kanten des Kartons ein Rechteck auf jede Fläche.

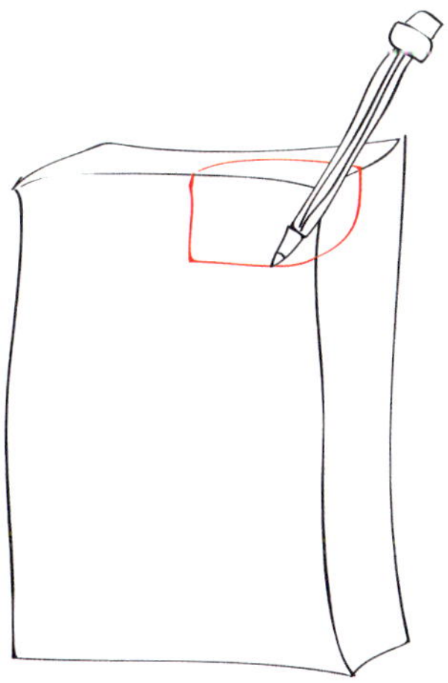

2 Mit einem Cutter schneidest du (oder besser ein Erwachsener!) entlang dieser aufgezeichneten Linien. Aber schneide nicht jede Seite einzeln aus, sondern alles an einem Stück. Wenn du damit fertig bist, hast du eine Art Schale ausgeschnitten, bei der drei Seiten fehlen.

3 Diese Schale legst du, so wie auf der Zeichnung zu sehen, verkehrt herum wieder in in die Lücke, die du in den Karton geschnitten hast. Jetzt befestigst du die Schale von der Innenseite des Kartons mit Klebeband – und schon ist deine Abstellfläche fertig. War doch total einfach, oder?

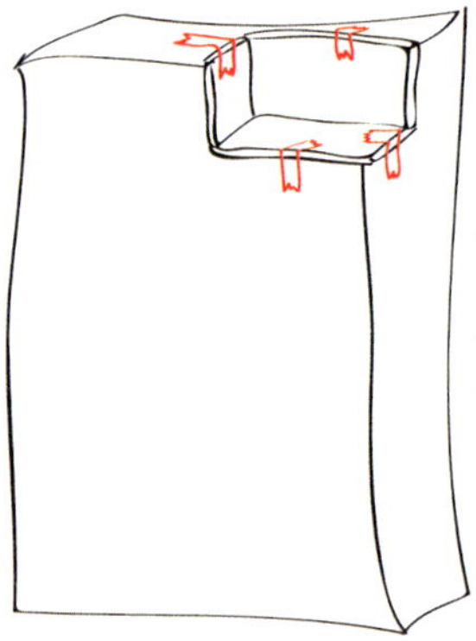

4 Bevor du anfängst, dein Utensilo mit verschiedenen Halterungen zu bekleben, kannst du den Karton erst einmal bunt bemalen oder mit Geschenkpapier bekleben.

5 Danach bastelst du Behälter für Wolle oder andere Fäden. Dafür spülst du erst einmal leere Milchtüten aus. Leg jeweils eine Milchtüte kopfüber mit dem Deckelverschluss zu dir. Zeichne auf halber Höhe auf den vorderen drei Seiten eine Schnittlinie ein. Auf der hinteren Seite malst du die Schnittlinie etwas höher. Wenn du die Rückseite der Milchtütenhalterung noch schöner machen möchtest, kannst du die Vorlage 4 (Seite 61) verwenden. Mit dem Cutter schneidest du an den eingezeichneten Linien entlang.

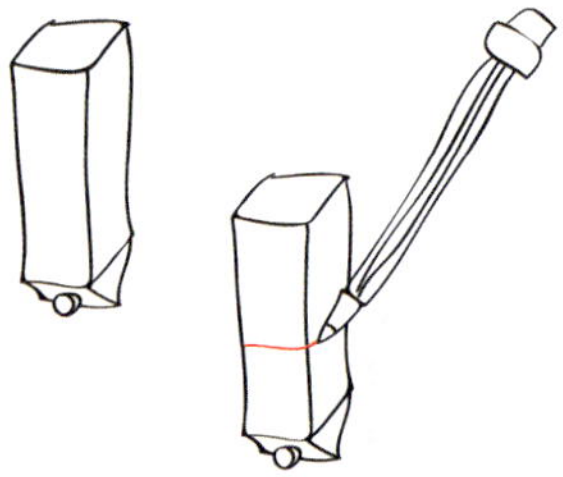

6 Die Behälter kannst du nun mit Papieren bekleben oder bemalen. Befestige mit doppelseitigem Klebeband den Behälter auf deinem Karton. Leg die Wolle so hinein, dass der Anfangsfaden unten aus dem Milchtütendeckel herausschaut.

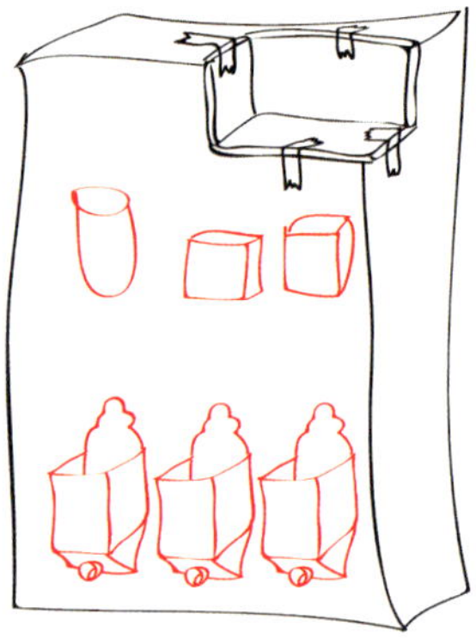

7 Als Nächstes bastelst du einen Stiftehalter: Entferne den Deckel einer leere Konservendose (Ananasstückchen oder Erbsen) und spül sie aus. Am besten entfernst du auch das Papier (Etikett), das um die Dose herum geklebt ist, denn das sieht meistens nicht so schön aus. Jetzt musst du die scharfen Kanten mit Klebeband einfassen, damit du dich nicht daran verletzen kannst. Dann kannst du die Dose mit doppelseitigem Klebeband an deinem Utensilo befestigen.

TIPP: Such dir so viele verschiedene Dinge wie möglich, die du auf dein Utensilo kleben kannst. Wie wär's zum Beispiel mit einer halben Shampooflasche für deinen Zimmerschlüssel? Oder mit einem Sprudeltabletten-röhrchen für Kleingeld? Sei kreativ. Je mehr Halterungen dein Utensilo hat, desto cooler sieht es nachher aus. Versprochen!

Kuscheliges Steckenpferd

Du brauchst:

- farbige Socke, Größe 42
- Stoffreste
- Wolle
- Toilettenpapierrolle
- alte Plastiktüten
- Besenstiel
- farbiges Isolierband
- Stoffkleber
- Schere
- Nadel und Faden

und so wird's gemacht:

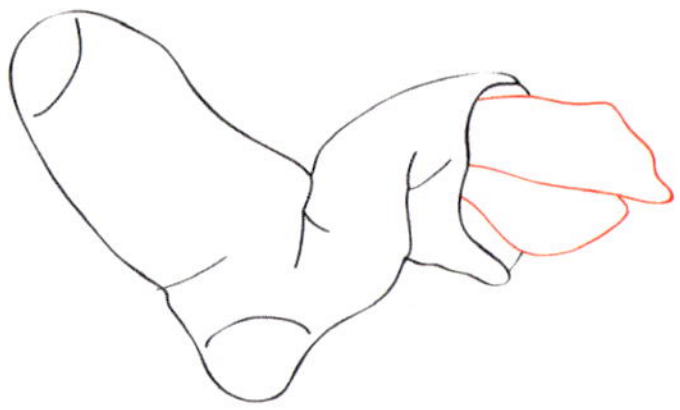

1 Zuerst stopfst du den Fußteil der Socke komplett mit Tüten aus.

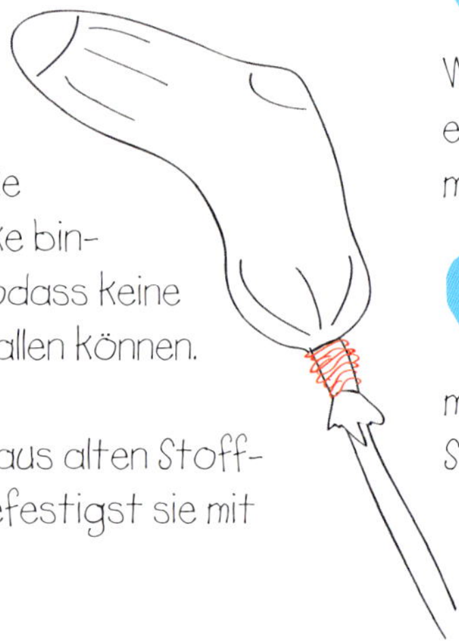

2 Dann ziehst du die Socke über den Besenstiel und füllst den Zwischenraum zwischen dem Besenstiel und der Socke auch mit Tüten. Das Ende der Socke bindest du mit Isolierband fest zu, sodass keine Tüten nachher beim Ausritt rausfallen können.

3 Als Nächstes schneidest du aus alten Stoffresten die Augen aus und befestigst sie mit Stoffkleber auf der Socke.

4 Damit dein Pferd auch auf dich hören kann, braucht es natürlich Ohren. Die bastelst du am besten aus der Pappröhre einer Toilettenpapierrolle. Schneide diese in der Mitte durch, male die Form zweier Ohren auf, schneide diese aus und befestige sie am Pferdekopf.

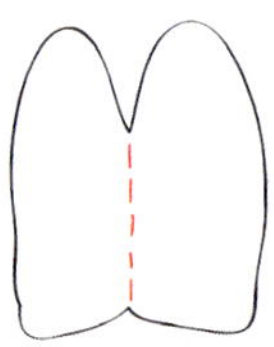

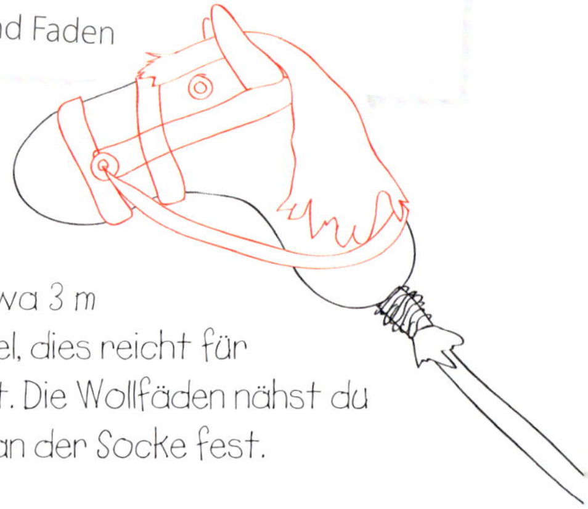

5 Für die Mähne wickelst du etwa 3 m Wolle von einem Knäuel, dies reicht für eine tolle Haarpracht. Die Wollfäden nähst du mit Nadel und Faden an der Socke fest.

6 Wenn dein Steckenpferd nicht weggaloppieren soll und du das wilde Tier im Zaum halten willst, musst du noch eine Trense basteln. Schneide aus Stoffresten vier Streifen zu: zwei Streifen, etwa 40 cm lang, einen Streifen, etwa 60 cm lang, einen Streifen, etwa 1,20 m lang. Die zwei kurzen Streifen klebst du mit Stoffkleber in einem Abstand von etwa 10 cm auf die Schnauze des Pferds (siehe Foto). Mit dem dritten kurzen Streifen (60 cm) verbindest du die kurzen Streifen von rechts, hinter den Ohren her nach links. Als Nächstes klebst du den langen Streifen als Zügel fest.

Viel Spaß bei deinem ersten Ausritt!

Tipp: Verziere die Klebestellen doch mit einem runden Stoffrest.

Origineller Stempel

und so wird's gemacht:

1 Male mit einem weichen Bleistift das Motiv, das dein Stempel nachher drucken soll, auf ein Stück Papier.

2 Drücke jetzt die Zeichnung auf das Radiergummi. Pass dabei auf, dass du nicht abrutschst, sonst verwischt die Zeichnung auf dem Radiergummi und du erkennst sie nicht mehr richtig.

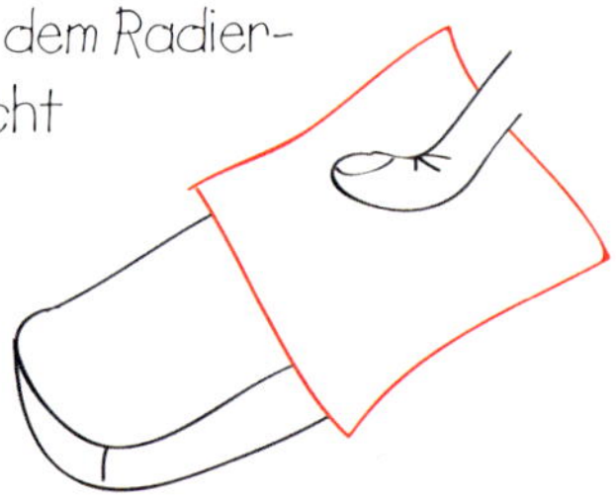

3 Jetzt wird es etwas kniffelig. Am besten fragst du deine Eltern, ob sie dir beim nächsten Schritt helfen: Mit einem Cutter oder Messer kratzt du (oder besser: deine Eltern) alles um die Zeichnung auf dem Radierer herum weg, sodass dein Motiv am Ende frei steht. Mit dem Cutter musst du sehr vorsichtig sein, denn du kannst dich an der scharfen Klinge sehr leicht verletzen.

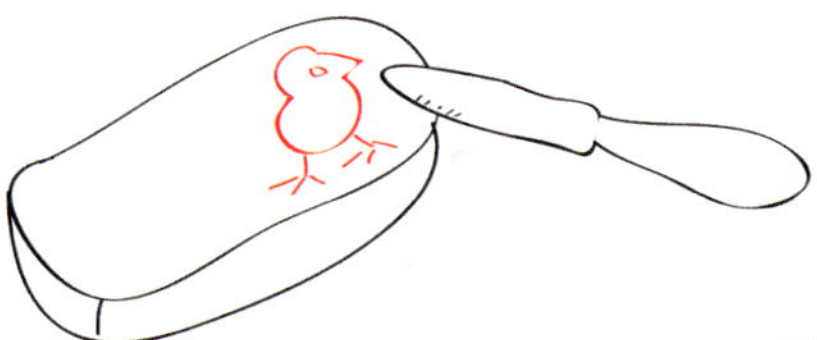

4 Schneide jetzt den Rest des Radierers ab und hebe ihn gut auf – falls du noch einen weiteren Stempel anfertigen möchtest.

5 Als Nächstes bastelst du einen Stempelgriff: Geh raus und such dir einen Ast, der etwas dicker als dein ausgeritztes Motiv ist. Wenn du einen gefunden hast, säge ihn auf eine Länge von etwa 10 cm ab. Zuletzt musst du nur noch dein Motiv mit Alleskleber auf den Ast kleben und schon ist dein Stempel fertig.

Probier deinen neuen Stempel doch gleich aus. Drück ihn in das Stempelkissen und los geht's. Mach doch ein paar Abdrücke auf die letzte leere Seite deines Schulheftes und zeig dann deinen Freunden, was für einen coolen und einzigartigen Stempel du hast. Sie werden dich bewundern.

Tipp: Du musst nicht einmal berücksichtigen, dass dein Motiv spiegelverkehrt vorgezeichnet wird. Da du es nämlich gleich zweimal überträgst (das erste Mal bei dem Abdruck auf das Radiergummi, das zweite Mal bei dem eigentlichen Stempeln) sieht das Motiv so aus, wie du es gemalt hast.

Du brauchst:

- Schreibpapier in Weiß
- Radiergummi in Weiß, ca. 3 x 5 cm
- Bleistift (weich)
- dicken Ast
- Stempelkissen in Rot
- Cutter oder Messer
- Säge
- Alleskleber

Hefthülle mit Geheim-klappen

und so wird's gemacht:

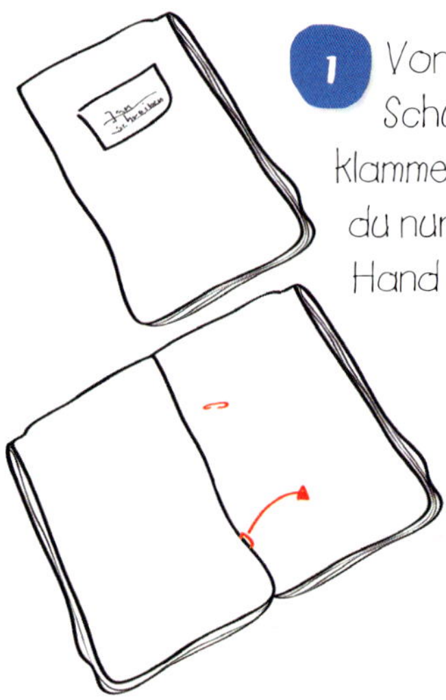

1 Von dem vollgeschriebenen Schulheft löst du die Heftklammern und das Papier, sodass du nur noch die Hefthülle in der Hand hältst.

2 Schneide als Nächstes aus dem Karton zwei Streifen, die so lang wie der Heftumschlag und etwa 4 cm breit sind. Klebe die beiden Kartonstreifen mit Klebeband an die äußeren Seiten des Umschlags.

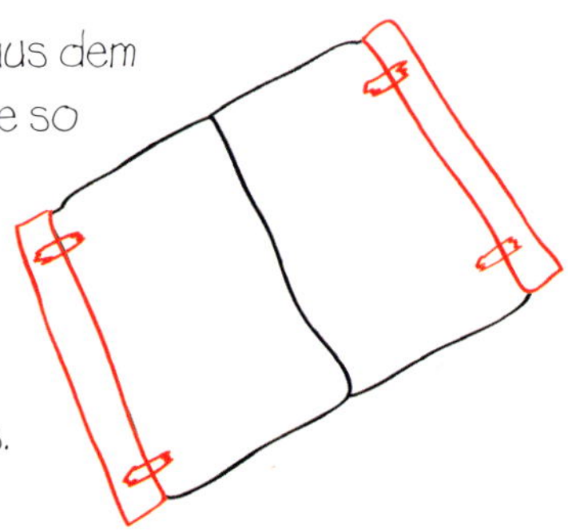

3 Jetzt klappst du die beiden angebrachten Kartonstreifen nach innen und befestigst sie mit durchsichtigem Klebefilm an den oberen und unteren Kanten so unauffällig wie möglich.

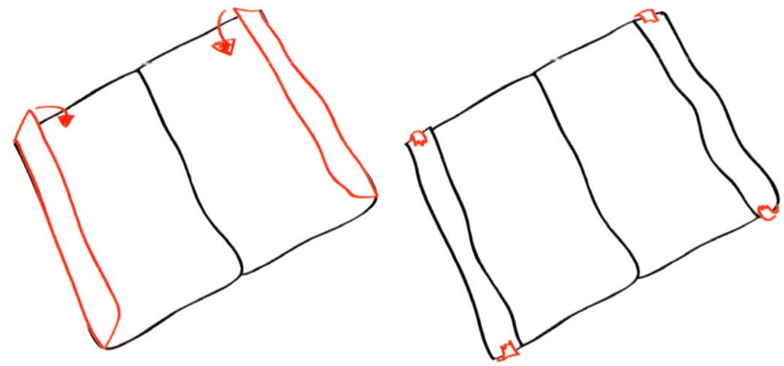

4 Dann rollst du die Buchfolie aus und legst die Hefthülle abschnittsweise darauf, denn du musst aufpassen, dass sich keine Blasen bilden. Schneide die Folie einmal um den Heftumschlag herum ab. Vergiss dabei nicht, rechts und links 4 cm Rand stehen zu lassen. Den überstehenden Rand schlägst du nach innen, so schützt er die Klappen.

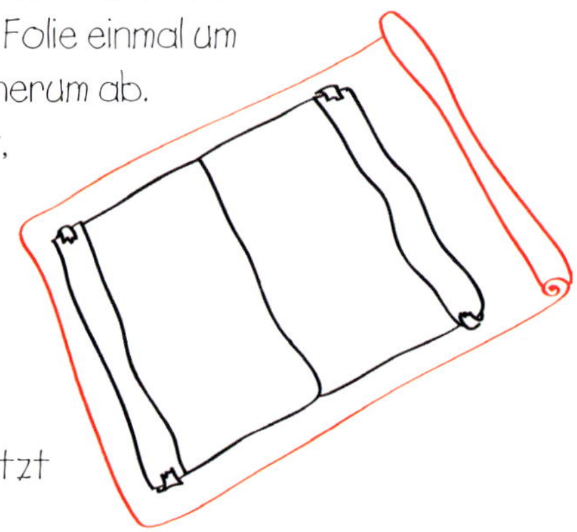

Tipp: In die Klappen, die nun auf der Innenseite des Heftumschlags liegen, kannst du jetzt dein Lieblingscomic stecken. Wenn du es liest, werden alle denken, dass du gerade fleißig lernst.

Du brauchst:

- Schulheft (vollgeschrieben), das du nicht mehr brauchst
- Tonkarton in Blau
- Buchfolie, selbstklebend
- Klebeband
- Klebefilm, durchsichtig

Waschlappen-täschchen

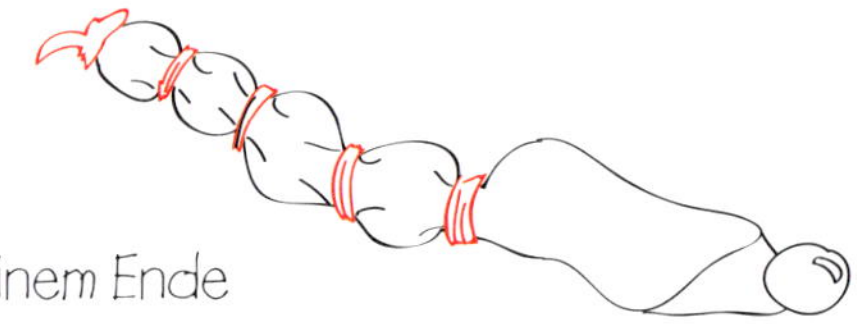

und so wird's gemacht:

1 Für den Henkel deines Täschchens schneidest du einen bunten Stoffstreifen zu, der etwa 60 cm lang und doppelt so breit ist wie die Holzperlen, die du verwenden möchtest – plus 2 cm Nahtzugabe.

2 Aus dem Stoffstreifen nähst du mit einfachen Stichen einen „Stofftunnel": Leg den Stoff mit der schönen Seite nach oben auf einen Tisch und falte ihn der Länge nach, sodass nun die weniger schöne Seite oben liegt. Die offene Kante nähst du nun zusammen.

Anschließend lässt du eine Perle durch den Tunnel sausen, dann kannst du testen, ob er auch wirklich breit genug ist. Jetzt stülpst du den gesamten Tunnel einmal um – und die schöne Stoffseite wird wieder sichtbar!

3 Setz nun an einem Ende des Tunnels mit einem farbigen Stickgarnfaden einen Knoten und lass eine Holzperle bis zu dem Knoten durchfallen. Hinter der Holzperle setzt du wieder mit einem Stickgarnfaden einen Knoten, sodass die Perle nun im Tunnel eingeschnürt ist. Auf diese Weise machst du weiter, bis alle Perlen eingeschnürt sind und dein Tunnel voll ist.

4 Zuletzt knotest du den Tunnel zu und nähst die beide Enden des Tunnels – so wie auf dem Foto zu sehen – an einen Waschlappen.

Tipp: Näh den Henkel etwa 5 cm unterhalb der Waschlappenöffnung fest, damit das obere Waschlappenteil von alleine umklappt. So ist deine Tasche immer geschlossen.

Du brauchst:

- Waschlappen mit schönem Muster
- Stoffstreifen (bunt), ca. 3 x 60 cm
- Holzperlen, ca. 1 cm Ø
- farbiges Stickgarn
- Nadel und Faden

Du brauchst:

- Papier in Weiß
- Wachsmalstifte:
  - in verschiedenen Farben
  - in Schwarz
- Stricknadel

Kratzbilder mit Wachsmalstiften

Und so wird's gemacht:

1 Mit den bunten Wachsmalstiften bemalst du ein weißes Blatt Papier, und zwar so, dass keine weiße Stelle mehr zu sehen ist. Es ist dabei egal, ob du alles wild durcheinander oder ob du die Farben streifenförmig als Regenbogen malst. Du allein bestimmst, wie bunt dein Bild aussehen soll. Natürlich kannst du das Blatt auch nur mit einer Farbe bemalen, wichtig ist nur, dass das ganze Blatt komplett mit Farbe bedeckt wird.

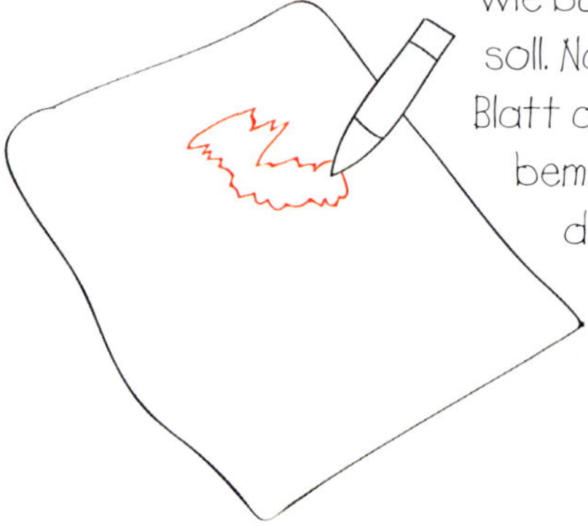

2 Male als Nächstes über dein buntes Bild alles mit einem schwarzen Wachsmalstift an. Ja, wirklich alles, bis kein bisschen von der bunten Farbe mehr zu sehen ist. Hab keine Angst, dein buntes Bild geht nicht verloren, du wirst gleich erfahren, warum.

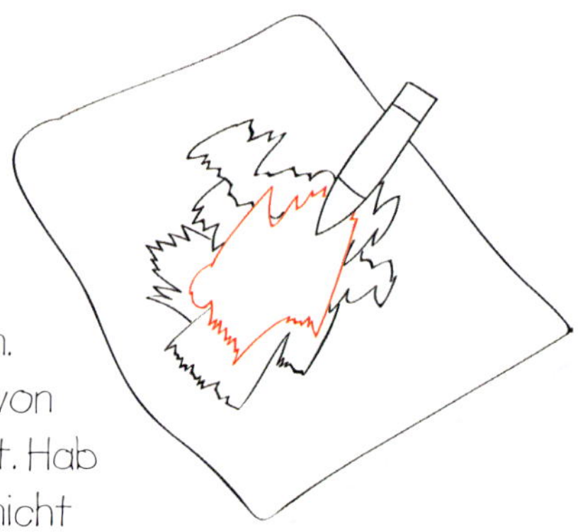

3 Wenn das Bild ganz mit schwarzer Farbe bedeckt ist, nimmst du die Stricknadel in die Hand und kratzt damit vorsichtig ein Motiv in die schwarze Schicht. Aber nur so tief, bis die bunte Farbe darunter wieder zum Vorschein kommt. Auch bei den Motiven oder Wörtern, die du jetzt in dein Kunstwerk ritzt, sind deiner Fantasie keine Grenzen gesetzt. Alle Linien, die du bei deinem Motiv frei ritzt, sehen kunterbunt aus und strahlen richtig knallig. Cool, oder?

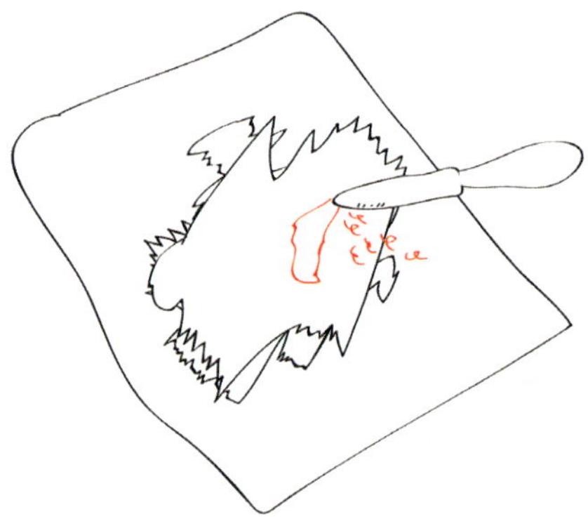

Ende

Vorlagen

Vorlage 1, Seite 12
auf 200% vergrößern

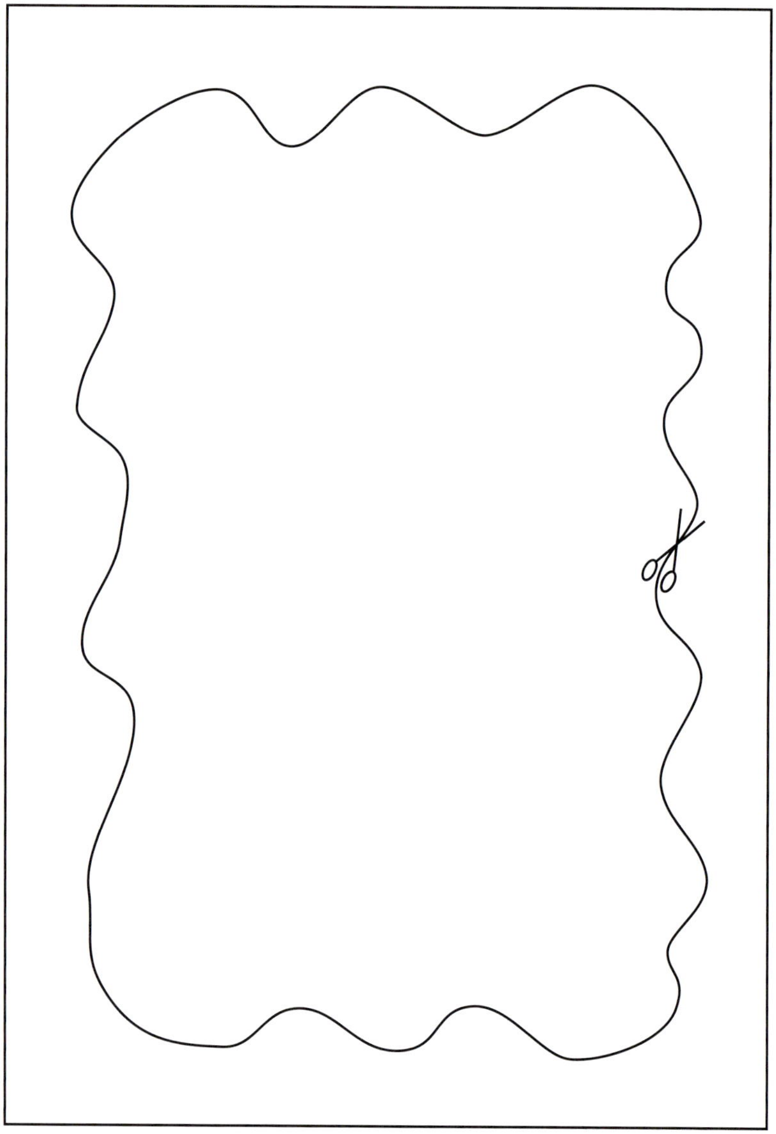

Vorlage 2, Seite 20
auf 200% vergrößern

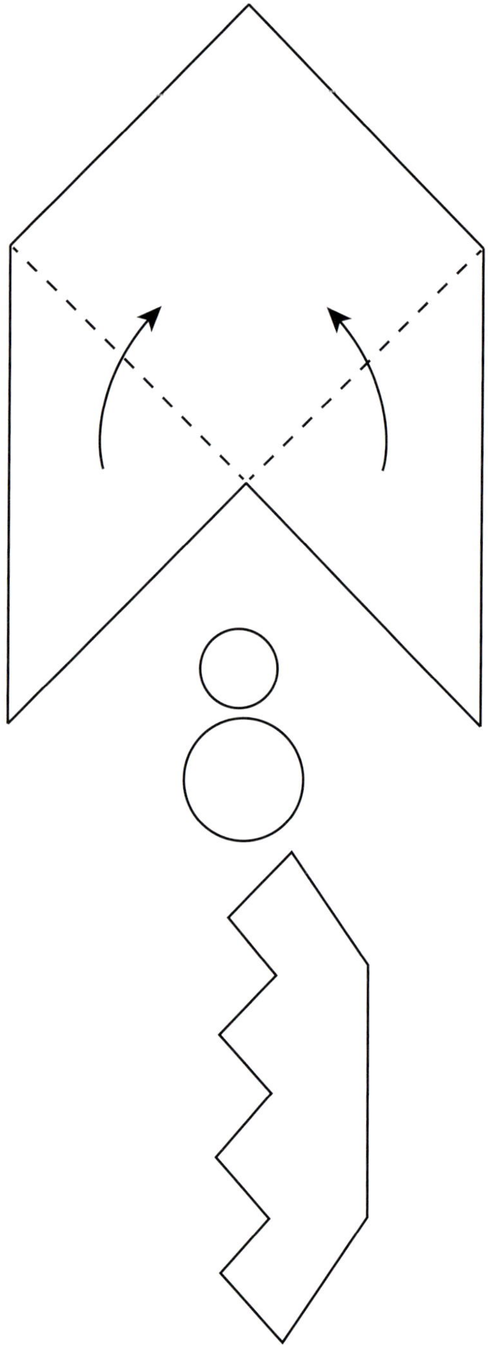

Vorlage 3, Seite 26
auf 200% vergrößern

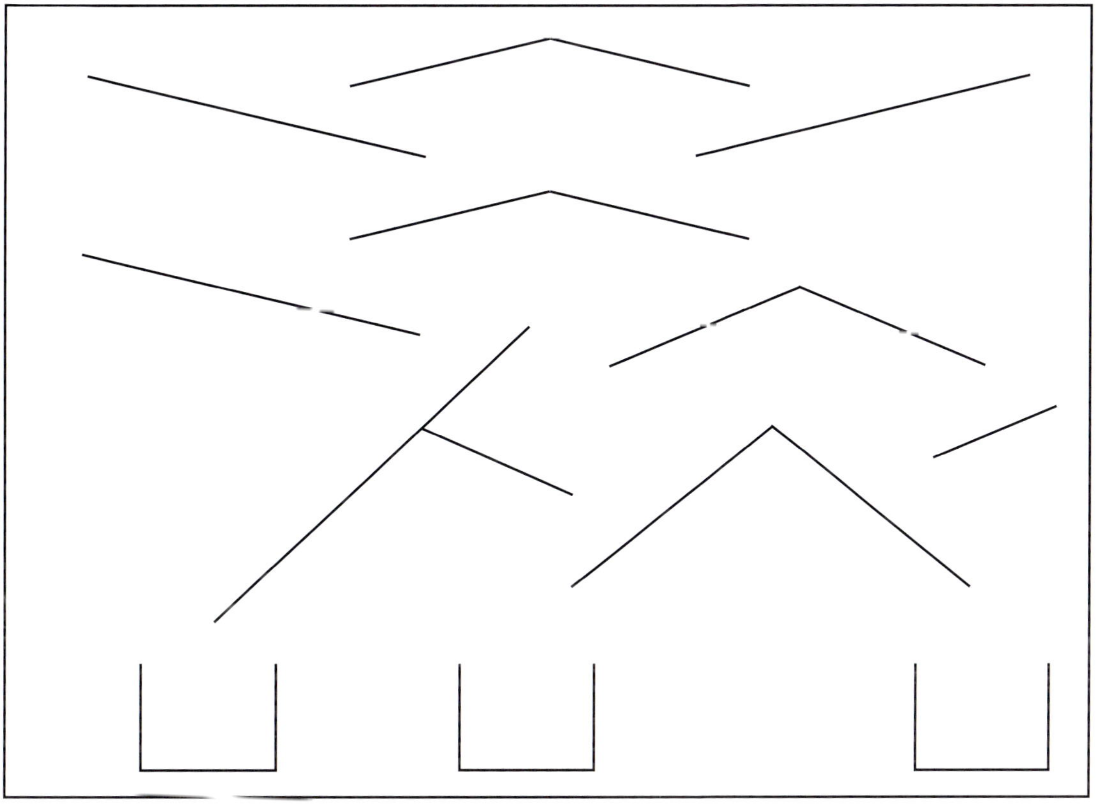

Vorlage 4, Seite 47

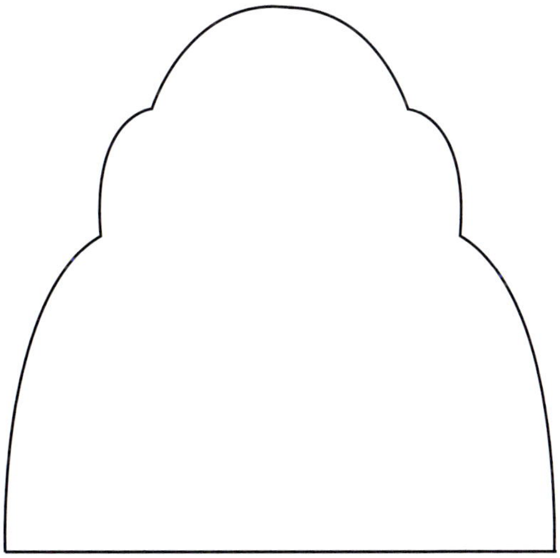

Impressum

ISBN 978-3-8388-3461-0
Art.-Nr. CV3461

Redaktion: Gisa Windhüfel, Freiburg
Fotos: Jessica Stuckstätte, Hamburg
Zeichnungen: Jessica Stuckstätte, Hamburg
Layout, Satz & Covergestaltung: GrafikwerkFreiburg
Reproduktion: Meyle + Müller GmbH & Co. KG, Pforzheim
Druck & Verarbeitung: Himmer AG, Augsburg

Herstellerverzeichnis

- Folia Max Bringmann KG
- Rico Design GmbH & Co. KG
- krima & isa e. Kfr.

Kreativ-Service

Sie haben Fragen zu den Büchern und Materialien? Frau Erika Noll ist für Sie da und berät Sie rund um alle Kreativthemen. Rufen Sie an! Wir interessieren uns auch für Ihre eigenen Ideen und Anregungen. Sie erreichen Frau Noll per E-Mail: **mail@kreativ-service.info** oder Tel.: **+49 (0) 5052 / 91 18 58** Montag bis Donnerstag: 9–17 Uhr / Freitag: 9–13 Uhr

Besuchen Sie uns im Internet: www.christophorus-verlag.de